ライティング問題で550点満点を目指す！

「意味順メソッド」で絶対合格！

文部科学省後援

英検®3級ライティング

新出題形式対応

名古屋外国語大学教授・京都大学名誉教授
田地野 彰 著 Akira Tajino

Ｊリサーチ出版

※このコンテンツは、公益財団法人 日本英語検定協会の承認や推奨、その他の検討を受けたものではありません。
英検®は、公益財団法人日本英語検定協会の登録商標です。

はじめに
—— 合格を目指して ——

　英検3級（一次試験・筆記）のライティングテストでは、「Eメールの応答文」と「英作文」の2問が出題されます。このわずか2問のライティング問題が全体のスコアの3分の1を占めるため、ライティングの出来が合否に大きく影響します。

　しかし、ライティングは英語の4技能（リスニング、スピーキング、リーディング、ライティング）のなかでも、スピーキングと並び日本の英語学習者がもっとも苦手とする技能の一つです（参考：文部科学省・国立教育政策研究所（2023）『令和5年度全国学力・学習状況調査報告書（中学英語）』）。

　では、どのように克服すればよいのでしょうか。

　本書では、英語のプロや同時通訳のトレーニングなどにも採用されている「意味順」という手法を用いて、初心者でもスムーズに英文を作成できる方法をお伝えします。「意味順」の手法は、「語句の順序が変われば意味も変わる」という英語の特性を活かして開発された学習法で、小学生から社会人まで幅広い層に支持されています。

　さらに、「意味順」の教育効果は、国内外の学術誌や専門誌、論文などでも評価されており、NHK出版の語学テキストや有名学習参考書、さらには国民的キャラクターを用いた学習マンガなど、多くの教材で活用されています。

　本書を通して「意味順」を使った効率的な英文作成法を学び、練習を重ね、自信を持って英検3級のライティング問題を楽しめるようになりましょう。

田地野 彰
名古屋外国語大学教授
京都大学名誉教授

「意味順メソッド」とは？

英語は日本語と語順が異なり、下記の図のように構成されています。英語の語順を踏まえて構成された下の図を「意味順」と呼びます。1つ1つのボックスには、「意味順」に示された「意味のまとまり」を入れます。

「意味順」の構成

日本語	だれが	する（です）	だれ・なに	どこ	いつ
英語	who	does（is）	who(m)/what (how)	where	when

- 「人」が基本。ほかに「動物」「モノ」「コト」など
- 「する」「〜です（現在のこと）」「〜した（過去のこと）」「〜するでしょう（未来のこと）」などの動作や状況
- 「だれ」「なに」のどちらかのみ使う場合と、両方を使う場合がある。
- 「どこに」「どこで」「どこへ」
- 「今」「今朝」「昨日」「明日」「そのとき」など

＊オプションとして「どのようにして」（how）と「なぜ」（why）があり、文と文をつなぐときのために「たまてばこ」もあります。

「意味順」はコミュニケーションに必要な情報単位でできている。

新聞やニュースの記事を書くときに押さえておくべき情報単位として、「5W1H」があります。コミュニケーションとは、この「5W1H」のやり取りであるとも言えます。「意味順」は、これらの情報単位（5W1H）を英語の文構造に基づいて整理した順序です。

5W
Who（だれ），What（なに），Where（どこ），When（いつ），Why（なぜ）

1H
How（どのようにして）

意味から直接、英文を作る！－文法用語を使わずとも－

学校や参考書では、「主語(S)・動詞(V)・目的語(O)・補語(C)」などの文法用語を使って英文を5つの文型に分類する方法が一般的です。しかし、「意味順」を使えば、文法用語を覚えなくても、たった1つのパターンでこれら5文型の英文を表現できます。

実際に、英文の5文系を「意味順」ボックスに並べるとどのようになるか見てみましょう。
※右の（　）内は5文型で分類したものです。

① その赤ん坊はたった今微笑んだ。（主語＋動詞）
② 私の母はパイロットです。（主語＋動詞＋補語）
③ 彼女は毎日ピアノを弾く。（主語＋動詞＋目的語）
④ ナンシーは今朝部屋で母親にプレゼントをあげた。（主語＋動詞＋目的語＋目的語）
⑤ 彼女は彼をアキと呼んでいる。（主語＋動詞＋目的語＋補語）

5文型を「意味順」ボックスに並べた場合

	だれが	する（です）	だれ・なに	どこ	いつ
①	その赤ん坊は	微笑んだ	—	—	たった今
	The baby	smiled	—	—	just now.
②	私の姉は	〜です	パイロット	—	—
	My sister	is	a pilot.	—	—
③	彼女は	弾く	ピアノを	—	毎日
	She	plays	the piano	—	every day.
④	ナンシーは	あげた	母親に プレゼントを	部屋で	今朝
	Nancy	gave	her mother a present	in her room	this morning.
⑤	彼女は	呼んでいる	彼を アキと	—	—
	She	calls	him Aki.	—	—

いかがでしょうか。「意味順」の使い方については、この後さらに詳しくご説明します。

「意味順」を使ってさまざまな英文を作成し、英検ライティング問題にしっかりと臨みましょう。自信を持って一歩ずつ進めば、合格への道がきっと開けるはずです！

もくじ

はじめに―合格を目指して― 2
「意味順メソッド」とは？ 3
この本の使い方 6
音声ダウンロード＆面接試験対策動画のご案内 8

序章　合格に向けてのステップ

過去問題で英検3級の出題形式を
確認しよう 10
英検3級の試験形式と配点 12
ライティングテストの出題傾向 13
「意味順メソッド」の3ステップで
ライティング問題を攻略 14

Part 1　疑問文の答え方を徹底攻略

Lesson 1 疑問文 Do you ～？ 18
Lesson 2 疑問文 What ～？ 20
Lesson 3 疑問文 Which ～？ 22
Lesson 4 疑問文 Where ～？ 24
Lesson 5 疑問文 How ～？ 26
Lesson 6 疑問文 When ～？ / Who ～？
　　　　　/ Why ～？ 28
Lesson1～6の解答 30
便利な表現
〈It is ～ to ….〉〈There is / are ○ ＋ 場所〉 42

Part 2　英検3級形式の問題に挑戦！

意味順で過去問題を解く
Eメール問題（2024年第1回） 46
意味順で過去問題を解く
英作文問題（2024年第1回） 52
意味順で練習問題を解く　Eメール問題1 ... 58
意味順で練習問題を解く　Eメール問題2 ... 64
意味順で練習問題を解く　Eメール問題3 ... 70
意味順で練習問題を解く　Eメール問題4 ... 76
意味順で練習問題を解く　Eメール問題5 ... 82
意味順で練習問題を解く　英作文問題1 ... 88
意味順で練習問題を解く　英作文問題2 ... 94
意味順で練習問題を解く　英作文問題3 ... 100
意味順で練習問題を解く　英作文問題4 ... 106
意味順で練習問題を解く　英作文問題5 ... 112
これを覚えておくとテストで役立つ！
便利な単語 118

Part 3　模擬テスト

模擬テスト 第1回（Eメール／英作文） ... 120
模擬テスト 第2回（Eメール／英作文） ... 124
模擬テスト 第3回（Eメール／英作文） ... 128
模擬テストの解答 132

音声DL　付録　この本で学習した問題と解答パターンを耳でまる覚えしよう！ ... 138

この本の使い方

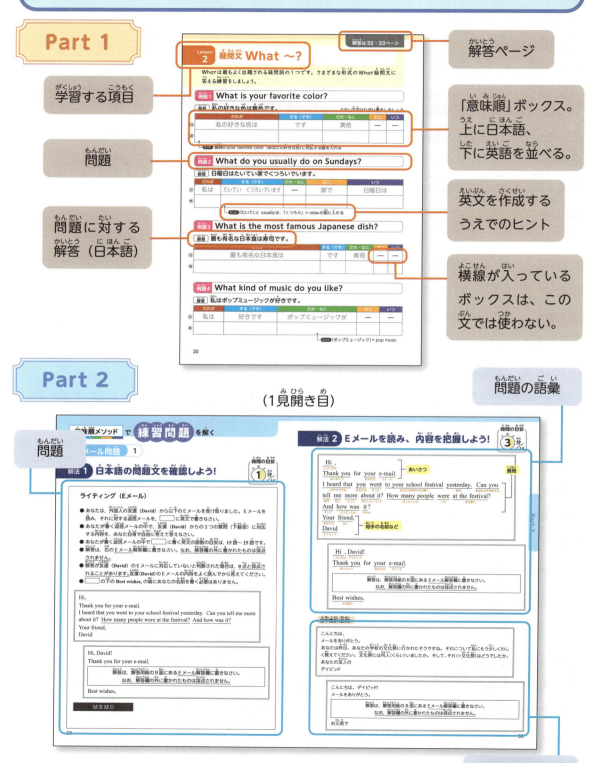

問題の要点と和訳　　　（2見開き目）　　　問題

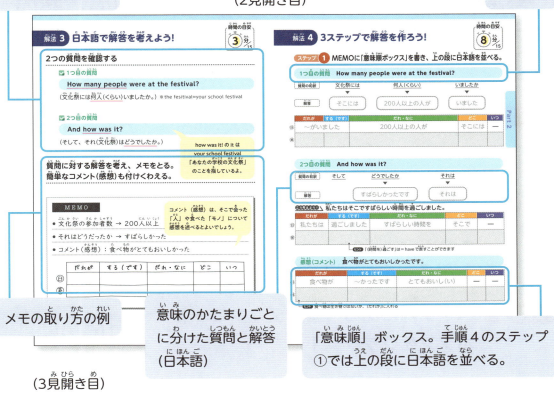

メモの取り方の例　　意味のかたまりごとに分けた質問と解答（日本語）　　「意味順」ボックス。手順4のステップ①では上の段に日本語を並べる。

（3見開き目）

日本語の解答（例）　　手順4ステップ③ではこの「見直しポイント」に注意しながら英文を見直す。　　「意味順」ボックスに並べた解答例

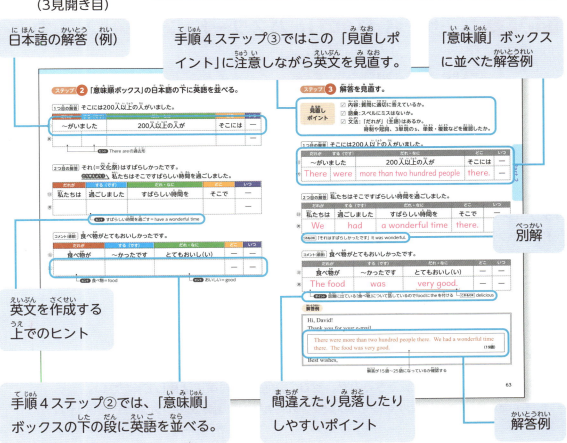

英文を作成する上でのヒント　　手順4ステップ②では、「意味順」ボックスの下の段に英語を並べる。　　間違えたり見落したりしやすいポイント　　別解　　解答例

7

音声ダウンロード＆面接試験対策動画のご案内

138～143ページにまとめたこの本で学習するすべての英文をダウンロード音声で聞くことができます。

STEP1 商品ページにアクセス！ 方法は次の3通り！

- 右のコードを読み取ってアクセス。
- https://www.jresearch.co.jp/book/b659276.html を入力してアクセス。
- Jリサーチ出版のホームページ（https://www.jresearch.co.jp/）にアクセスして、「キーワード」に書籍名を入れて検索。

STEP2 ページ内にある「音声ダウンロード」ボタンをクリック！

STEP3 ユーザー名「1001」、パスワード「26424」を入力！

STEP4 音声の利用方法は2通り！学習スタイルに合わせた方法でお聴きください！

- 「音声ファイル一括ダウンロード」より、ファイルをダウンロードして聴く。
- ▶ボタンを押して、その場で再生して聴く。

● ダウンロードした音声ファイルは、パソコン・スマートフォンなどでお聴きいただくことができます。一括ダウンロードの音声ファイルは .zip 形式で圧縮してあります。解凍してご利用ください。ファイルの解凍がうまくできない場合は、直接の音声再生も可能です。

● 音声ダウンロードのお問い合わせ先：toiawase@jresearch.co.jp（受付時間：平日9時〜18時）

二次試験「面接」解答例つき動画を活用しよう！

二次試験の面接の流れをシミュレーションした動画を視聴できます。面接官の質問内容と受験者の解答のやりとりを確認できるので、ぜひ二次面接の対策に活用してください。

※上記の音声ダウンロードの案内ページを下のほうにスクロールすると、動画コンテンツのメニューがあります。

序章

合格に向けてのステップ

過去問題を使って出題傾向を確認し、英検3級の問題を「意味順」で解く方法を解説します。

● 過去問題で英検3級の出題形式を確認しよう！

Eメール問題　過去問題：2024年第1回テスト問題（6月2日実施）

Grade 3

 4 ライティング（Eメール）

ライティングテストは、2つ問題（4と5）があります。忘れずに、2つの問題に解答してください。この問題は解答用紙B面の4の解答欄に解答を記入してください。

- あなたは、外国人の友達（James）から以下のEメールを受け取りました。Eメールを読み、それに対する返信メールを、□□□に英文で書きなさい。
- あなたが書く返信メールの中で、友達（James）からの2つの質問（下線部）に対応する内容を、あなた自身で自由に考えて答えなさい。
- あなたが書く返信メールの中で□□□に書く英文の語数の目安は、15語〜25語です。
- 解答は、解答用紙のB面にあるEメール解答欄に書きなさい。なお、解答欄の外に書かれたものは採点されません。
- 解答が友達（James）のEメールに対応していないと判断された場合は、0点と採点されることがあります。友達（James）のEメールの内容をよく読んでから答えてください。
- □□□の下の **Best wishes,** の後にあなたの名前を書く必要はありません。

Hi,

Thank you for your e-mail.
I heard that you went to the art museum in your town. I have some questions for you. <u>How many pictures did you see at the art museum?</u> And <u>how long did you stay there?</u>

Your friend,
James

Hi, James!

Thank you for your e-mail.

解答は、解答用紙のB面にあるEメール解答欄に書きなさい。なお、解答欄の外に書かれたものは採点されません。

Best wishes,

MEMO

英作文問題　過去問題：2024年第1回テスト問題（6月2日実施）

Grade 3

 5 ライティング（英作文）

ライティングテストは、2つ問題（4と5）があります。忘れずに、2つの問題に解答してください。この問題は解答用紙B面の5の解答欄に解答を記入してください。

- あなたは，外国人の友達から以下の QUESTION をされました。
- QUESTION について，あなたの考えとその理由を2つ英文で書きなさい。
- 語数の目安は25語〜35語です。
- 解答は，解答用紙のB面にある英作文解答欄に書きなさい。なお，解答欄の外に書かれたものは採点されません。
- 解答が QUESTION に対応していないと判断された場合は，0点と採点されることがあります。QUESTION をよく読んでから答えてください。

QUESTION
What is your favorite place to do your homework?

MEMO

● 英検3級の試験形式と配点

英検3級は一次試験と二次試験の2つに分かれており、一次試験のCSEスコア満点は1650点、合格スコアは1103点以上とされています。

ですから、例えば、リーディングとリスニングで満点を取ったとしても、CSEスコアは1100点にとどまるため、ライティング問題の対策が必須となります。

特にライティング問題は2問でCSEスコア550点と高い配点が割り当てられているため、解答のポイントを押さえることで高得点をねらいやすいと言えます。

一次試験

測定技能		形式・課題詳細	問題数	解答形式	CSEスコア
筆記 (65分)	リーディング	短文の語句空所補充	15	4肢選択	550
		会話文の空所補充	1		
		長文の内容一致選択	10		
	ライティング	Eメール	1	記述式	550
		英作文	1		
リスニング (約25分)	リスニング	会話の応答文選択	10	3肢選択	550
		会話	10		
		文の内容一致選択	10		

二次試験

測定技能		形式・課題詳細	問題数	解答形式	CSEスコア
面接 (約5分)	スピーキング	音読	1	個人面接 面接委員 1人	550
		パッセージについての質問	1		
		イラストについての質問	2		
		受験者自身のことなど	2		

● ライティングテストの出題傾向

　過去の英検ライティング問題（2019年度第1回〜2024年度第3回）を分析すると、全体的に Do you 〜? と What を用いた疑問文が多く出題されています。
　2024年度から出題されるようになった E メール問題では、How many や How long など How を使った出題が増えることが予想され、具体的な数量や期間を尋ねる表現の対策が必要となるでしょう。

疑問詞の有無と出題頻度 (2019〜2024年)

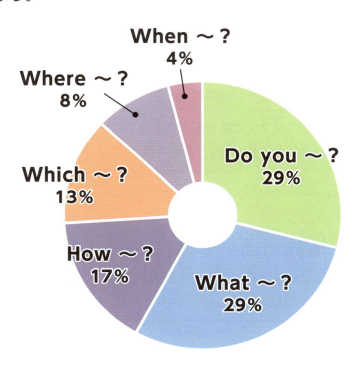

When 〜? 4%
Where 〜? 8%
Which 〜? 13%
How 〜? 17%
Do you 〜? 29%
What 〜? 29%

ライティングの問題文 (2019年第1回〜2024年第3回)

年度		第1回	第2回	第3回
2019年度	英作文	What day 〜?	Which 〜?	Do you 〜?
2020年度	英作文	Do you 〜?	Do you 〜?	Which 〜?
2021年度	英作文	Where 〜?	Which 〜?	What 〜?
2022年度	英作文	Do you 〜?	Do you 〜?	What 〜?
2023年度	英作文	What 〜?	Do you 〜?	Where 〜?
2024年度	英作文 第1回	What 〜?	Eメール	How many 〜? / How long 〜?
	英作文 第2回	Do you 〜?	Eメール	When 〜? / How many 〜?
	英作文 第3回	What month 〜?	Eメール	How 〜? / What time 〜?

「意味順メソッド」の3ステップでライティング問題を攻略

「意味順」ボックスを使うと、英語の語順がすっきり整理され、ライティング問題に対応しやすくなります。本書では、「意味順メソッド」を活用して英文を作成する方法を具体的に説明します。「意味順メソッド」の3つのステップで効果的に問題を解くコツを身につけて、英検3級のライティング問題を攻略しましょう。

「意味順メソッド」の3ステップ

ステップ 1 「意味順」ボックスに日本語を並べる

どのボックスに語句を入れるかで悩まないでください。「意味順」の流れに沿って語句を並べれば概ね意味の伝わる英文ができます。

ステップ 2 日本語の下に英語を並べる

「意味順」に沿って並べた日本語を英語に直します。慣れてくると、「意味順」ボックスを使わなくても、頭の中で整理できるようになります。その場合は、ステップ 1 を飛ばしても構いません。

ステップ 3 さまざまな観点から英文を見直す

内容と構成、スペル、文法などの観点から英文を見直します。

〈主な確認事項〉
- ☑ 質問に適切に解答しているか
- ☑ 論（意見）の展開はスムーズか
- ☑ 単語のスペルに間違いはないか
- ☑ 時制（現在か過去かなど）は正しいか
- ☑ 三単現の s、複数形の s の見落としはないか
- ☑ 冠詞（a, an, the）は正しく使われているか
- ☑ 前置詞（in, on, at など）は正しいか

「意味順」ボックスの活用の仕方を、具体例を用いて説明します。

例1 彼女は家で2匹のねこを飼っています。

ステップ1 「意味順」ボックスに日本語を並べる。

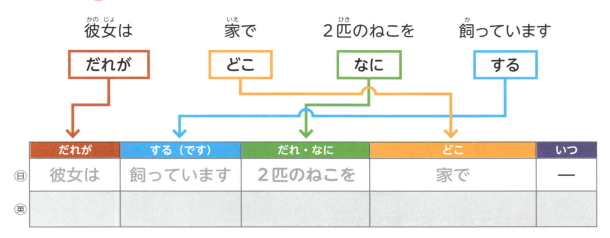

ステップ2 日本語の下に英語を並べる。

だれが	する（です）	だれ・なに	どこ	いつ
彼女は	飼っています	2匹のねこを	家で	―
She	has	two cats	at home.	

ステップ3 さまざまな観点から英文を見直す。

だれが	する（です）	だれ・なに	どこ	いつ
彼女は	飼っています	2匹のねこを	家で	―
She	has	two cats	at home.	

ポイント 主語がshe（3人称単数）なのでhaveはhasになっているか

ポイント 2匹なのでcatに複数形のsは付いているか

解答 She has two cats at home.

because「なぜなら」、so「だから」、and「そして」など、2つの文をつなぐ言葉（接続詞）がある場合、接続詞は2段目の「たまてばこ」に入れます。

例2 私は緊張しています、なぜなら今日はテストがあるから（です）。

ステップ1 「意味順」ボックスに日本語を並べる。

こう考えよう！「私は緊張しています」と「今日はテストがあるからです」の2つの文に分けて考える。
「テストがある」→「テストを持っている」

	たまてばこ	だれが	する（です）	だれ・なに	どこ	いつ
日	―	私は	います	緊張して	―	―
英						
日	なぜなら～だから	私は	持っている	テストを	―	今日
英						

ポイント 2つの文に分ける場合、2つ目の文にも主語を補う

ステップ2 日本語の下に英語を並べる。

	たまてばこ	だれが	する（です）	だれ・なに	どこ	いつ
日	―	私は	います	緊張して	―	―
英	―	I	am	nervous	―	―
日	なぜなら～だから	私は	持っている	テストを	―	今日
英	because	I	have	a test	―	today.

ステップ3 さまざまな観点から英文を見直す。

	たまてばこ	だれが	する（です）	だれ・なに	どこ	いつ
日	―	私は	います	緊張して	―	―
英	―	I	am	nervous	―	―
日	なぜなら～だから	私は	持っている	テストを	―	今日
英	because	I	have	a test	―	today.

ポイント testにはaが付く

解答　I am nervous because I have a test today.

いかがでしたか？　これからこの「意味順メソッド」の3ステップを使って、さまざまな英文を作っていきましょう！

Part 1

疑問文の答え方を徹底攻略

英検3級のライティング問題では、2024年度から従来の英作文問題に加え、Eメール問題が出題されるようになりました。
どちらも疑問文に答える形式です。
Part 1では、過去問題でよく出題される疑問文を「意味順メソッド」で整理しながら答える練習をします。

Lesson 1 疑問文 Do you ～?

Do you ～?の疑問文に答える場合は、まずYesかNoで答えます。ここでは、Yes / Noと答えた理由（_____部分の日本語）を、「意味順ボックス」に並べて英文を作る練習をしましょう。

例題1 Do you play any sports?

Yesと答えた場合 Yes, I do. 私はふだん金曜日にテニスをします。

	だれが	する（です）	だれ・なに	どこ	いつ
（日）	私は	ふだん します	テニスを	―	金曜日に
（英）					

うすい文字はなぞり書きしましょう

ヒント「ふだん」とあるので、FridayはFridaysとする

Noと答えた場合 No, I don't. でも、私はスポーツを観るのは好きです。

	たまてばこ	だれが	する（です）	だれ・なに	どこ	いつ
（日）	でも	私は	好きです	スポーツを観るのは	―	―
（英）						

ヒント「でも」は「たまてばこ」に入れる

例題2 Do you like karaoke?

Yesと答えた場合 Yes, I do. 私は毎週カラオケに行きます。

	だれが	する（です）	だれ・なに	どこ	いつ
（日）	私は	行きます	―	カラオケに	毎週
（英）					

ヒント「カラオケへ行く」= go to karaoke

Noと答えた場合 No, I don't. 私は歌が（歌うことが）得意ではありません。

	だれが	する（です）	だれ・なに	どこ	いつ
（日）	私は	得意ではありません	歌が	―	―
（英）					

ヒント「～が得意だ」= be good at ～

例題3 Do you want to go abroad?

Yesと答えた場合 Yes, I do. 私は来年カナダに行きたいです。

	だれが	する（です）	だれ・なに	どこ	いつ
（日）	私は	行きたいです	—	カナダに	来年
（英）					

ヒント 「～に」を表すtoを忘れないように

Noと答えた場合 No, I don't. 私は英語を話せません。

	だれが	する（です）	だれ・なに	どこ	いつ
（日）	私は	話せません	英語を	—	—
（英）					

例題4 Do you want to live in a big city?

Yesと答えた場合 Yes, I do. 訪ねる場所がたくさんあるので。

こう考えよう！ それ（大都市）はたくさんの訪ねる場所を持っています。

	だれが	する（です）	だれ・なに	どこ	いつ
（日）	それは	持っています	たくさんの訪ねる場所を	—	—
（英）					

Noと答えた場合 No, I don't. 騒がしすぎます。

	だれが	する（です）	だれ・なに	どこ	いつ
（日）	（状況を表すit）	ます	騒がしすぎ	—	—
（英）					

しっかり理解しよう！ 天候や状況を表すit

itは「それ」という意味でよく使われますが、ほかにも天候や寒暖、状況、時間、距離などを表すときにも使います。例えば、It is raining.（雨が降っている。）という文では、itは天候を表しています。他にもいくつか例を見てみましょう。

It is hot today.（今日は暑いです。）
It is quiet and peaceful here.（ここは静かで平和だ。）

このように、itは物を指すだけではありません。

Lesson 2 疑問文 What 〜?

解答は32・33ページ

Whatは最もよく出題される疑問詞の1つです。さまざまな形式のWhat疑問文に答える練習をしましょう。

例題1 What is your favorite color?

解答 私の好きな色は黄色です。

うすい文字はなぞり書きしましょう

	だれが	する（です）	だれ・なに	どこ	いつ
日	私の好きな色は	です	黄色	—	—
英					

ヒント 質問のyour favorite color（あなたの好きな色）に対応する語を入れる

例題2 What do you usually do on Sundays?

解答 日曜日はたいてい家でくつろいでいます。

	だれが	する（です）	だれ・なに	どこ	いつ
日	私は	たいてい　くつろいでいます	—	家で	日曜日は
英					

ヒント 「たいてい」usuallyは、「くつろぐ」＝ relaxの前に入れる

例題3 What is the most famous Japanese dish?

解答 最も有名な日本食は寿司です。

	だれが	する（です）	だれ・なに	どこ	いつ
日	最も有名な日本食は	です	寿司	—	—
英					

例題4 What kind of music do you like?

解答 私はポップミュージックが好きです。

	だれが	する（です）	だれ・なに	どこ	いつ
日	私は	好きです	ポップミュージックが	—	—
英					

ヒント 「ポップミュージック」＝ pop music

例題5 What can make you happy?

解答 良い音楽を聴くことがいつも私を幸せにしてくれます。

だれが	する（です）	だれ・なに	どこ	いつ
良い音楽を聴くことが	いつも〜してくれます	私を　幸せに	—	—
（英）				

ヒント「だれを」と「なに（どのように）」の2語が入る

例題6 What sport do you like the most?

解答 私はサッカーが一番好きです。

だれが	する（です）	だれ・なに	どこ	いつ
私は	好きです	サッカーが　一番	—	—
（英）				

ヒント「一番」= the most または the best

例題7 What would you like to have for lunch?

解答 私はハンバーガーを食べたいです。

だれが	する（です）	だれ・なに	どこ	いつ
私は	食べたいです	ハンバーガーを	—	—
（英）				

ヒント wouldでたずねられているのでwouldを使って答える

例題8 What do you want to be in the future?

解答 私は将来エンジニアになりたいです、なぜなら（私は）数学が好きだから（です）。

「エンジニア」= an engineer

たまてばこ	だれが	する（です）	だれ・なに	どこ	いつ
—	私は	〜になりたいです	エンジニア	—	将来
（英）					
なぜなら〜だから	（私は）	好き	数学が	—	—
（英）					

ヒント ここにbecause「なぜなら〜だから」を入れて、「私は将来エンジニアになりたい」と「（私は）数学が好き」の2つの文をつなぐ

Lesson 3 疑問文 Which 〜?

解答は34・35ページ

Whichを使った疑問文は、「どちら？」と選択肢が限られているときに使われます。
自分の考えや好みを伝える答え方を練習しましょう。

例題1 Which do you like better, dogs or cats?

解答 私は犬のほうが好きです。

	だれが	する（です）	だれ・なに	どこ	いつ
（日）	私は	好きです	犬のほうが	—	—
（英）					

ヒント 「〜のほうが」= better

例題2 Which do you prefer, Chinese food or Italian food?

解答 私は中国料理のほうが好きです。

	だれが	する（です）	だれ・なに	どこ	いつ
（日）	私は	〜のほうが好きです	中国料理	—	—
（英）					

ヒント 「〜のほうが好き」= prefer

例題3 Which book do you want to read first?

解答 私はこの新しいマンガを最初に読みたいです。

	だれが	する（です）	だれ・なに	どこ	いつ
（日）	私は	読みたいです	この新しいマンガを	—	最初に
（英）					

ヒント 「マンガ」= a comic book

例題4 Which color do you like the most, red, blue, or green?

解答 私は緑色が一番好きです。

	だれが	する（です）	だれ・なに	どこ	いつ
（日）	私は	好きです	緑色が一番	—	—
（英）					

ヒント 「一番」を示す語の前にtheを付ける

例題5 Which country would you like to visit, France or Italy?

解答 私はフランスに行きたいです、なぜなら美しいビーチがたくさんあるから。

こう考えよう！ 私はフランスに行きたいです、なぜならそれ（フランス）はたくさんの美しいビーチを持っているから（です）。

	たまてばこ	だれが	する（です）	だれ・なに	どこ	いつ
（日）	—	私は	行きたいです	—	フランスに	—
（英）						
（日）	なぜなら〜だから	それは	を持っている	たくさんの美しいビーチ	—	—
（英）						

ヒント ここにbecause「なぜなら〜だから」を入れて、「私はフランスに行きたいです」と「美しいビーチがたくさんある」の２つの文をでつなぐ

例題6 Which do you prefer, summer vacation or winter vacation?

解答 私は夏休みのほうが好きです、なぜなら（私は）海で泳ぐことができるから（です）。

	たまてばこ	だれが	する（です）	だれ・なに	どこ	いつ
（日）	—	私は	〜のほうが好きです	夏休み	—	—
（英）						
（日）	なぜなら〜だから	私は	泳ぐことができる	—	海で	—
（英）						

ヒント ここにbecause「なぜなら〜だから」を入れて、「私は夏休みのほうが好き」と「（私は）海で泳ぐことができる」の２つの文をつなぐ

例題7 Which do you use more, a computer or a smartphone?

解答 私はスマートフォンのほうをより多く使います、なぜならそれがより便利だからです。

	たまてばこ	だれが	する（です）	だれ・なに	どこ	いつ
（日）	—	私は	使います	スマートフォンのほうをより多く	—	—
（英）						
（日）	なぜなら〜だから	それが	〜です	より便利	—	—
（英）						

ヒント ここにbecause「なぜなら〜だから」を入れて、「スマートフォンのほうをより多く使います」と「それがより便利だからです」の２つの文をつなぐ

ヒント 「便利な」= convenient

Lesson 4 疑問文 Where ～?

解答は36・37ページ

Whereは、「どこ？」と場所をたずねるときに使います。聞かれた場所を答える練習をしましょう。

例題1 Where do you usually park your bike?

解答 私はふだんジムの裏に自転車を停めます。

だれが	する（です）	だれ・なに	どこ	いつ
(日) 私は	ふだん　停めます	自転車を	ジムの裏に	—
(英)				

ヒント「停める」= park　　ヒント「～の裏に」= behind

例題2 Where do you want to exercise?

解答 私は家の近くの公園で運動したいです。

だれが	する（です）	だれ・なに	どこ	いつ
(日) 私は	運動したいです	—	家の近くの公園で	—
(英)				

ヒント park「公園」やhouse「家」には、a, the, myなどを付ける

例題3 Where do you usually meet your friends?

解答 私はふだん友達と駅で会います。

だれが	する（です）	だれ・なに	どこ	いつ
(日) 私は	ふだん　会います	友達と	駅で	—
(英)				

ヒント「〈場所〉で」は〈at + 場所〉

例題4 Where would you like to have dinner tonight?

解答 今夜、私は素敵なレストランで夕食をとりたいです。

だれが	する（です）	だれ・なに	どこ	いつ
(日) 私は	とりたいです	夕食を	素敵なレストランで	今夜
(英)				

ヒント「〈食事を〉とる」= have

例題 5　Where are you going to play baseball next Sunday?

解答 私は次の日曜日に川のそばの球場で野球をする予定です。

	だれが	する（です）	だれ・なに	どこ	いつ
日	私は	〜する予定です	野球を	川のそばの球場で	次の日曜日に
英					

ヒント 「（〜の）そばの」= by

例題 6　Where do you plan to live in the future?

解答 私は将来ニューヨークに住む予定です。

	だれが	する（です）	だれ・なに	どこ	いつ
日	私は	住む予定です	―	ニューヨークに	将来
英			―		

ヒント 「ニューヨーク」= New York

例題 7　Where did you go last weekend?

解答 私は先週末、名古屋のフェスティバルに行きました。

	だれが	する（です）	だれ・なに	どこ	いつ
日	私は	行きました	―	名古屋のフェスティバルに	先週末
英					

ヒント 「フェスティバル」= a festival

例題 8　Where do you want to go on your next winter holiday?

解答 私は次の冬休みには北海道に行きたいです、なぜなら（私は）そこで毎日スキーができるから（です）。

	たまてばこ	だれが	する（です）	だれ・なに	どこ	いつ
日	―	私は	行きたいです	―	北海道に	次の冬休みには
英						
日	なぜなら〜だから	私は	スキーができる	―	そこで	毎日
英						

ヒント ここに because「なぜなら〜だから」を入れて、「私は北海道に行きたい」と「（私は）毎日スキーができる」の２つの文をつなぐ

Lesson 5 疑問文 How 〜?

解答は38・39ページ

Howは「どのように」のほか、How many、How long、How muchなど、さまざまな表現で使われます。聞かれた方法や数などを答える練習をしましょう。

例題1 How do you usually go to the supermarket?

解答 私はふだん自転車でスーパーへ行きます。

こう考えよう！ 私はふだんスーパーへ自転車に乗って行きます。

だれが	する（です）	だれ・なに	どこ	いつ
私は	ふだん 乗って行きます	自転車に	スーパーへ	—

ヒント 「乗って行く」＝ ride

例題2 How many pets do you have at home?

解答 私は家で3匹のねこを飼っています。

だれが	する（です）	だれ・なに	どこ	いつ
私は	飼っています	3匹のねこを	家で	—

ヒント 「飼っている」はhaveで表す

例題3 How many hours do you study every day?

解答 私は毎日5時間以上勉強します。

だれが	する（です）	だれ・なに	どこ	いつ
私は	勉強します	—	—	毎日5時間以上

ヒント 「〜以上」＝ more than 〜

例題4 How long did you stay at the party yesterday?

解答 私はパーティーには約2時間いました。

だれが	する（です）	だれ・なに	どこ	いつ
私は	いました	—	パーティーに	約2時間

ヒント stay「いる、とどまる」の過去形を入れる

26

例題5 How long have you been learning English?

解答 私は2020年から英語を学んでいます。

	だれが	する（です）	だれ・なに	どこ	いつ
(日)	私は	学んでいます	英語を	—	2020年から
(英)					

ヒント 「ずっと～している」＝ have been ～ing

例題6 How much money do you spend on snacks each week?

解答 私は毎週おやつに800円くらい使います。

	だれが	する（です）	だれ・なに	どこ	いつ
(日)	私は	使います	800円くらい　おやつに	—	毎週
(英)					

ヒント 「～に（お金を）つかう」＝ spend (money) on ～

例題7 How often do you clean your room?

解答 私は週に1度、私の部屋を掃除します。

	だれが	する（です）	だれ・なに	どこ	いつ
(日)	私は	掃除します	私の部屋を	—	週に1度
(英)					

ヒント 「週に～度」＝ ～ a week

例題8 How often do you watch soccer games?

解答 私は年に3度サッカーの試合を観ます。

	だれが	する（です）	だれ・なに	どこ	いつ
(日)	私は	観ます	サッカーの試合を	—	年に3度
(英)					

ヒント 「試合」は数えられることに注意！

ヒント 「年に～度」＝ ～ times a year

Lesson 6 疑問文 When ～? / Who ～? / Why ～?

When（いつ）、Who（だれ）。Why（なぜ）の疑問文は出題頻度は少ないものの、覚えておくと便利な表現です。それぞれの答え方を練習しましょう。

例題1 When was your last school trip?

解答 私の最後の修学旅行は2023年の8月でした。

	だれが	する（です）	だれ・なに	どこ	いつ
(日)	私の最後の修学旅行は	でした	―	―	2023年の8月
(英)					

ヒント 「○月」「○年」の順に入れる

例題2 When are you going to visit your grandparents again?

解答 私は今週末に祖父母を訪ねる予定です。

	だれが	する（です）	だれ・なに	どこ	いつ
(日)	私は	訪ねる予定です	祖父母を	―	今週末に
(英)					

ヒント 「だれの祖父母か」考えて答えよう

例題3 When did you finish your homework?

解答 私は昨夜、宿題を終えました。

	だれが	する（です）	だれ・なに	どこ	いつ
(日)	私は	終えました	宿題を	―	昨夜
(英)					

ヒント finishの過去形を入れる　　ヒント 「だれの宿題か」を考えて答えよう

例題4 When do you usually go to bed?

解答 私はたいてい10時に寝ます。

こう考えよう! 私はたいてい10時にベッドに向かいます。

	だれが	する（です）	だれ・なに	どこ	いつ
(日)	私は	たいてい　向かいます	―	ベッドに	10時に
(英)					

ヒント 「たいてい」＝ usuallyは動詞「行く」の前に入れる　　ヒント 「○時に」＝ at ＋ 時間

例題5 Who joined your soccer team?

解答 妹が私のサッカーチームに参加しました。

	だれが	する（です）	だれ・なに	どこ	いつ
（日）	妹が	参加しました	私のサッカーチームに	—	—
（英）					

ヒント「自分の妹」であることに注意して答えよう

例題6 Who do you talk to when you feel sad?

解答 私はたいてい親友に話します、なぜなら彼は私をよく理解しているから（です）。

	たまてばこ	だれが	する（です）	だれ・なに	どこ	いつ
（日）	—	私は	たいてい 話します	親友に	—	—
（英）						
（日）	なぜなら～だから	彼は	理解している	私を よく	—	—
（英）						

ヒント ここにbecause「なぜなら～だから」を入れて、「私はたいてい親友に話します」と「彼は私をよく理解している」という2つの文をつなぐ

例題7 Why do you study English?

解答 私は将来カナダへ行きたいので、（私は）英語を勉強しています。

	たまてばこ	だれが	する（です）	だれ・なに	どこ	いつ
（日）	—	私は	勉強しています	英語を	—	—
（英）						
（日）	（～な）ので	私は	行きたい	—	カナダへ	将来
（英）						

ヒント ここにbecause「（～な）ので」を入れて、「私は英語を勉強している」と「私は将来カナダへ行きたい」の2つの文をつなぐ

Lesson 1 疑問文 Do you 〜?

18・19ページの解答

例題1 Do you play any sports?
（あなたは何かスポーツをしますか。）

Yesと答えた場合 Yes, I do.（はい、します。）私はふだん金曜日にテニスをします。

	だれが	する（です）	だれ・なに	どこ	いつ
（日）	私は	ふだん します	テニスを	—	金曜日に
（英）	I	usually play	tennis	—	on Fridays.

ポイント「（ふだん）金曜日に」= on Fridays

Noと答えた場合 No, I don't.（いいえ、しません。）でも、私はスポーツを観るのは好きです。

	たまてばこ	だれが	する（です）	だれ・なに	どこ	いつ
（日）	でも	私は	好きです	スポーツを観るのは	—	—
（英）	But	I	like	watching sports.	—	—

これもOK to watch

例題2 Do you like karaoke?（あなたはカラオケが好きですか。）

Yesと答えた場合 Yes, I do.（はい、好きです。）私は毎週カラオケに行きます。

	だれが	する（です）	だれ・なに	どこ	いつ
（日）	私は	行きます	—	カラオケに	毎週
（英）	I	go	—	to karaoke	every week.

ポイント everyの後ろは単数形

Noと答えた場合 No, I don't.（いいえ、好きではありません。）私は歌が（歌うことが）得意ではありません。

	だれが	する（です）	だれ・なに	どこ	いつ
（日）	私は	得意ではありません	歌が	—	—
（英）	I	am not good at	singing.	—	—

ポイント〈be good at〉の後ろには名詞か動名詞が入る

30

例題3 Do you want to go abroad?
（あなたは外国に行きたいですか。）

Yesと答えた場合 Yes, I do.（はい、行きたいです。）私は来年カナダに行きたいです。

	だれが	する（です）	だれ・なに	どこ	いつ
（日）	私は	行きたいです	—	カナダに	来年
（英）	I	want to go	—	to Canada	next year.

ポイント「～したい」は〈want to + 動詞の原形〉

Noと答えた場合 No, I don't.（いいえ、行きたくありません。）私は英語を話せません。

	だれが	する（です）	だれ・なに	どこ	いつ
（日）	私は	話せません	英語を	—	—
（英）	I	cannot speak	English.	—	—

これもOK can't

例題4 Do you want to live in a big city?
（あなたは大都市に住みたいですか。）

Yesと答えた場合 Yes, I do.（はい、住みたいです。）訪ねる場所がたくさんあるので。

こう考えよう！ それ（大都市）はたくさんの訪ねる場所を持っています。

	だれが	する（です）	だれ・なに	どこ	いつ
（日）	それは	持っています	たくさんの訪ねる場所を	—	—
（英）	It	has	many places to visit.	—	—

ポイント It は a big city を指している
ポイント 主語が it（3人称単数）のときは have は has となる

Noと答えた場合 No, I don't.（いいえ、住みたくありません。）騒がしすぎます。

	だれが	する（です）	だれ・なに	どこ	いつ
（日）	（状況を表すit）	ます	騒がしすぎ	—	—
（英）	It	is	too noisy.	—	—

ポイント「～すぎる」= too ～

Lesson 2 疑問文 What ～?

20・21ページの解答

例題1 What is your favorite color?（あなたの好きな色は何ですか。）

解答 私の好きな色は黄色です。

	だれが	する（です）	だれ・なに	どこ	いつ
日	私の好きな色は	です	黄色	—	—
英	My favorite color	is	yellow.	—	—

ポイント your「あなたの～」とたずねられたら my「私の～」と答える

例題2 What do you usually do on Sundays?（あなたは日曜日はたいてい何をしていますか。）

解答 私は日曜日はたいてい家でくつろいでいます。

	だれが	する（です）	だれ・なに	どこ	いつ
日	私は	たいてい くつろいでいます	—	家で	日曜日は
英	I	usually relax	—	at home	on Sundays.

ポイント 「たいてい」など習慣的なことを指す言葉があるとき、Sundayは Sundaysとする

例題3 What is the most famous Japanese dish?（最も有名な日本食は何ですか。）

解答 最も有名な日本食は寿司です。

	だれが	する（です）	だれ・なに	どこ	いつ
日	最も有名な日本食は	です	寿司	—	—
英	The most famous Japanese dish	is	sushi.	—	—

ポイント mostの前にtheを入れるのを忘れないように！

例題4 What kind of music do you like?（あなたはどんな音楽が好きですか。）

解答 私はポップミュージックが好きです。

	だれが	する（です）	だれ・なに	どこ	いつ
日	私は	好きです	ポップミュージックが	—	—
英	I	like	pop music.	—	—

例題5 What can make you happy?（何があなたを幸せにしてくれますか。）

解答 良い音楽を聴くことがいつも私を幸せにしてくれます。

	だれが	する（です）	だれ・なに	どこ	いつ
(日)	良い音楽を聴くことが	いつも〜してくれます	私を 幸せに	—	—
(英)	Listening to good music	can always make	me happy.	—	—

ポイント 「聴くこと」= listening
ポイント 「私を幸せにする」= make me happy

例題6 What sport do you like the most?
（あなたは何のスポーツが一番好きですか。）

解答 私はサッカーが一番好きです。

	だれが	する（です）	だれ・なに	どこ	いつ
(日)	私は	好きです	サッカーが 一番	—	—
(英)	I	like	soccer the most.	—	—

ポイント mostの前にtheを入れるのを忘れないように！　**これもOK** the best

例題7 What would you like to have for lunch?
（あなたは昼食に何を食べたいですか。）

解答 私はハンバーガーを食べたいです。

	だれが	する（です）	だれ・なに	どこ	いつ
(日)	私は	食べたいです	ハンバーガーを	—	—
(英)	I	would like to have	a hamburger.	—	—

これもOK 2個以上食べたいときはhamburgers

例題8 What do you want to be in the future?
（あなたは将来は何になりたいですか。）

解答 私は将来エンジニアになりたいです、なぜなら（私は）数学が好きだから（です）。

	たまてばこ	だれが	する（です）	だれ・なに	どこ	いつ
(日)	—	私は	〜になりたいです	エンジニア	—	将来
(英)	—	I	want to be	an engineer	—	in the future,
(日)	なぜなら〜だから	(私は)	好き	数学が	—	—
(英)	because	I	like	math.	—	—

これもOK becauseの後に続く文にも主語は必要　**これもOK** コンマを忘れずに！

33

Lesson 3 疑問文 Which ～?

22・23ページの解答

例題1 Which do you like better, dogs or cats?
（あなたは犬とねこ、どちらのほうが好きですか。）

解答 私は犬のほうが好きです。

	だれが	する（です）	だれ・なに	どこ	いつ
日	私は	好きです	犬のほうが	―	―
英	I	like	dogs better.	―	―

これもOK I like dogs more than cats.「私はねこよりも犬のほうが好きです」

例題2 Which do you prefer, Chinese food or Italian food?
（あなたは中国料理とイタリア料理では、どちらのほうが好きですか。）

解答 私は中国料理のほうが好きです。

	だれが	する（です）	だれ・なに	どこ	いつ
日	私は	～のほうが好きです	中国料理	―	―
英	I	prefer	Chinese food.	―	―

ポイント food「食べ物」は複数形にしない

例題3 Which book do you want to read first?（あなたはどちらの本を最初に読みたいですか。）

解答 私はこの新しいマンガを最初に読みたいです。

	だれが	する（です）	だれ・なに	どこ	いつ
日	私は	読みたいです	この新しいマンガを	―	最初に
英	I	want to read	this new comic book	―	first.

ポイント 〈want to + 動詞の原形〉「～したい」はよく使う表現

例題4 Which color do you like the most, red, blue, or green?
（あなたは、赤、青、緑では、どの色が一番好きですか。）

解答 私は緑色が一番好きです。

	だれが	する（です）	だれ・なに	どこ	いつ
日	私は	好きです	緑色が一番	―	―
英	I	like	green the most.	―	―

ポイント mostの前にtheを入れるのを忘れないように！　**これもOK** the best

例題 5

Which country would you like to visit, France or Italy?
（あなたはフランスとイタリアとでは、どちらの国に行きたいですか。）

解答 私はフランスに行きたいです、なぜならたくさんの美しいビーチがあるから。

こう考えよう！ 私はフランスに行きたいです、なぜならそれ（フランス）はたくさんの美しいビーチを持っているから（です）。

これもOK I'd like to ～

	たまてばこ	だれが	する（です）	だれ・なに	どこ	いつ
日	—	私は	行きたいです	—	フランスに	—
英	—	I	would like to go	—	to France,	—
日	なぜなら～だから	それは	を持っている	たくさんの美しいビーチ	—	—
英	because	it	has	many beautiful beaches.	—	—

例題 6

Which do you prefer, summer vacation or winter vacation?
（あなたは夏休みと冬休みでは、どちらのほうが好きですか。）

解答 私は夏休みのほうが好きです、なぜなら（私は）海で泳ぐことができるから（です）。

ポイント becauseの前のコンマを忘れずに

	たまてばこ	だれが	する（です）	だれ・なに	どこ	いつ
日	—	私は	～のほうが好きです	夏休み	—	—
英	—	I	prefer	summer vacation,	—	—
日	なぜなら～だから	私は	泳ぐことができる	—	海で	—
英	because	I	can swim	—	in the sea.	—

例題 7

Which do you use more, a computer or a smartphone?
（あなたはコンピューターとスマートフォンとでは、どちらをより多く使いますか。）

解答 私はスマートフォンのほうをより多く使います、なぜならそれがより便利だからです。

	たまてばこ	だれが	する（です）	だれ・なに	どこ	いつ
日	—	私は	使います	スマートフォンのほうをより多く	—	—
英	—	I	use	my smartphone more	—	—
日	なぜなら～だから	それが	～です	より便利	—	—
英	because	it	is	more convenient.	—	—

Lesson 4 疑問文 Where ～?

24・25ページの解答

例題1 Where do you usually park your bike?
（あなたは、ふだんはどこに自転車を停めますか。）

解答 私はふだんジムの裏に自転車を停めます。

	だれが	する（です）	だれ・なに	どこ	いつ
(日)	私は	ふだん　停めます	自転車を	ジムの裏に	―
(英)	I	usually park	my bike	behind the gym.	―

これもOK my bicycle または代名詞 it「それ」

例題2 Where do you want to exercise?（あなたはどこで運動したいですか。）

解答 私は家の近くの公園で運動したいです。

	だれが	する（です）	だれ・なに	どこ	いつ
(日)	私は	運動したいです	―	家の近くの公園で	―
(英)	I	want to exercise	―	in the park near my house.	―

ポイント「私の家の近くにある特定の公園」という意味なので、park には the を付ける

例題3 Where do you usually meet your friends?
（あなたは、ふだんどこで友達と会いますか。）

解答 私はふだん友達と駅で会います。

	だれが	する（です）	だれ・なに	どこ	いつ
(日)	私は	ふだん　会います	友達と	駅で	―
(英)	I	usually meet	my friends	at the station.	―

これもOK see my friends または代名詞 them「彼らと」

例題4 Where would you like to have dinner tonight?
（今夜、あなたはどこで夕食をとりたいですか。）

解答 今夜、私は素敵なレストランで夕食をとりたいです。

	だれが	する（です）	だれ・なに	どこ	いつ
(日)	私は	とりたいです	夕食を	素敵なレストランで	今夜
(英)	I	would like to have	dinner	at a nice restaurant	tonight.

ポイント 決まったレストランを指しているわけではないので、restaurant には the ではなく a を付ける

36

例題5 Where are you going to play baseball next Sunday?
（あなたは次の日曜日、どこで野球をしますか。）

解答 私は次の日曜日に川のそばの球場で野球をする予定です。

	だれが	する（です）	だれ・なに	どこ	いつ
日	私は	～する予定です	野球を	川のそばの球場で	次の日曜日に
英	I	am going to play	baseball	at the field by the river	next Sunday.

これもOK in the field

例題6 Where do you plan to live in the future?
（あなたは将来どこに住む予定ですか。）

解答 私は将来ニューヨークに住む予定です。

	だれが	する（です）	だれ・なに	どこ	いつ
日	私は	住む予定です	―	ニューヨークに	将来
英	I	plan to live	―	in New York	in the future.

ポイント plan toは確実ではない予定、〈will ＋ 動詞の原形〉はすでに決まっている予定を表す

例題7 Where did you go last weekend? （あなたは、先週末どこに行きましたか。）

解答 私は先週末、名古屋のフェスティバルに行きました。

	だれが	する（です）	だれ・なに	どこ	いつ
日	私は	行きました	―	名古屋のフェスティバルに	先週末
英	I	went	―	to a festival in Nagoya	last weekend.

ポイント 現在形 go ― 過去形 went

例題8 Where do you want to go on your next winter holiday?
（あなたは次の冬休みにはどこに行きたいですか。）

解答 私は次の冬休みには北海道に行きたいです、なぜなら（私は）そこで毎日スキーができるから（です）。

	たまてばこ	だれが	する（です）	だれ・なに	どこ	いつ
日	―	私は	行きたいです	―	北海道に	次の冬休みには
英	―	I	want to go	―	to Hokkaido	on my next winter holiday,
日	なぜなら～だから	私は	スキーができる	―	そこで	毎日
英	because	I	can ski	―	there	every day.

ポイント everyとdayの間は開ける。everydayは「日常の」という意味

Lesson 5 疑問文 How ～?

26・27ページの解答

例題1 How do you usually go to the supermarket?
(あなたはふだんどうやってスーパーへ行きますか。)

解答 私はふだん自転車でスーパーへ行きます。

こう考えよう！ 私はふだんスーパーへ自転車に乗って行きます。

	だれが	する（です）	だれ・なに	どこ	いつ
(日)	私は	ふだん 乗って行きます	自転車に	スーパーへ	―
(英)	I	usually ride	my bike	to the supermarket.	―

これもOK my bicycle または代名詞it「それ」

例題2 How many pets do you have at home? (あなたは家で何匹のペットを飼っていますか。)

解答 私は家で3匹のねこを飼っています。

	だれが	する（です）	だれ・なに	どこ	いつ
(日)	私は	飼っています	3匹のねこを	家で	―
(英)	I	have	three cats	at home.	―

ポイント 3匹なのでcatはcatsとする

例題3 How many hours do you study every day? (あなたは毎日何時間勉強しますか。)

解答 私は毎日5時間以上勉強します。

	だれが	する（です）	だれ・なに	どこ	いつ
(日)	私は	勉強します	―	―	毎日5時間以上
(英)	I	study	―	―	for more than five hours every day.

ポイント hour「時間」は数えられる名詞なので、ここではsが付く

例題4 How long did you stay at the party yesterday?
(あなたは昨日、パーティーにどのくらいいましたか。)

解答 私はパーティーに約2時間いました。

	だれが	する（です）	だれ・なに	どこ	いつ
(日)	私は	いました	―	パーティーに	約2時間
(英)	I	stayed	―	at the party	for about two hours.

ポイント 「約～時間」＝〈for about ＋時間＋hour(s)〉

例題5 How long have you been learning English?
（あなたはどのくらいの期間、英語を学んでいますか。）

解答 私は2020年から英語を学んでいます。

だれが	する（です）	だれ・なに	どこ	いつ
私は	学んでいます	英語を	—	2020年から
I	have been leaning	English	—	since 2020.

ポイント「（今までずっと）学んでいる」= have been learning

例題6 How much money do you spend on snacks each week?
（あなたは毎週おやつにいくら使いますか。）

解答 私は毎週おやつに800円くらい使います。

だれが	する（です）	だれ・なに	どこ	いつ
私は	使います	800円くらい　おやつに	—	毎週
I	spend	about 800 yen on snacks	—	each week.

ポイント 800円分のいろいろなsnack「おやつ」を指しているのでsnacksとsを付ける

ポイント each week「それぞれの週」=「毎週」

例題7 How often do you clean your room?
（あなたはどのくらいの頻度であなたの部屋を掃除しますか。）

解答 私は週に1度、私の部屋を掃除します。

だれが	する（です）	だれ・なに	どこ	いつ
私は	掃除します	私の部屋を	—	週に1度
I	clean	my room	—	once a week.

ポイント「週に1度」= once a weekはお決まりのフレーズ

例題8 How often do you watch soccer games?
（あなたはどのくらいの頻度でサッカーの試合を観ますか。）

解答 私は年に3度サッカーの試合を観ます。

だれが	する（です）	だれ・なに	どこ	いつ
私は	観ます	サッカーの試合を	—	年に3度
I	watch	soccer games	—	three times a year.

ポイント「試合を観る」ときの「観る」はwatch

Lesson 6　疑問文 When ～? / Who ～? / Why ～?

28・29ページの解答

例題1　When was your last school trip?
（あなたの最後の修学旅行はいつでしたか。）

解答　私の最後の修学旅行は2023年の8月でした。

	だれが	する（です）	だれ・なに	どこ	いつ
(日)	私の最後の修学旅行は	でした	—	—	2023年の8月
(英)	My last school trip	was	—	—	in August 2023.

ポイント　過去の出来事を話すときは動詞(be動詞)を過去形にする

例題2　When are you going to visit your grandparents again?
（あなたは、いつまた祖父母を訪ねる予定ですか。）

解答　私は今週末に祖父母を訪ねる予定です。

	だれが	する（です）	だれ・なに	どこ	いつ
(日)	私は	訪ねる予定です	祖父母を	—	今週末に
(英)	I	am going to visit	my grandparents	—	this weekend.

これもOK　代名詞 them「彼ら」

例題3　When did you finish your homework?（あなたはいつ宿題を終えましたか。）

解答　私は昨夜、宿題を終えました。

	だれが	する（です）	だれ・なに	どこ	いつ
(日)	私は	終えました	宿題を	—	昨夜
(英)	I	finished	my homework	—	last night.

ポイント　自分の宿題を指すときは my homework

例題4　When do you usually go to bed?（あなたは、いつも何時に寝ますか。）

解答　私はたいてい10時に寝ます。

こう考えよう！　私はたいてい10時にベッドに向かいます。

	だれが	する（です）	だれ・なに	どこ	いつ
(日)	私は	たいてい　向かいます	—	ベッドに	10時に
(英)	I	usually go	—	to bed	at ten.

ポイント　「(寝る)ためにベッドに向かう」＝ go to bed

例題5 Who joined your soccer team?
(あなたのサッカーチームに誰が参加しましたか。)

解答 妹が私のサッカーチームに参加しました。

	だれが	する（です）	だれ・なに	どこ	いつ
日	妹が	参加しました	私のサッカーチームに	—	—
英	My sister	joined	my soccer team.	—	—

ポイント「私の妹」を指しているのでmy sisterとする

例題6 Who do you talk to when you feel sad?
(あなたは悲しいとき誰に話しますか。)

解答 私はたいてい親友に話します、なぜなら彼は私をよく理解しているから（です）。

	たまてばこ	だれが	する（です）	だれ・なに	どこ	いつ
日	—	私は	たいてい 話します	親友に	—	—
英	—	I	usually talk	to my best friend	—	—
日	なぜなら～だから	彼は	理解している	私を よく	—	—
英	because	he	understands	me well.	—	—

ポイント 主語がheなのでunderstandはunderstandsとsを付ける

例題7 Why do you study English?
(なぜ、あなたは英語を勉強しているのですか。)

解答 私は将来カナダへ行きたいので、（私は）英語を勉強しています。

	たまてばこ	だれが	する（です）	だれ・なに	どこ	いつ
日	—	私は	勉強しています	英語を	—	—
英	—	I	study	English	—	—
日	(～な)ので	私は	行きたい	—	カナダへ	将来
英	because	I	want to go	—	to Canada	in the future.

便利な表現 〈It is 〜 to ...〉と〈There is ○ + 場所〉

一般的な英文とは異なる語順ですが、一度覚えてしまうと便利な2つの表現を紹介します。

It is 〜 to ... 「…することは〜です」

「英語を学ぶことは重要です。」「川で泳ぐことは難しいです。」のように、「…することは〜です」と言いたいときは、〈It is 〜 to ...〉を使います。

例題1　（私にとって）英語を学ぶことは重要です。
　　　　It is important (for me) to study English.
　　　　　└重要です┘　　　　　　└英語を学ぶこと┘

例題2　（私にとって）川で泳ぐことは難しいです。
　　　　It is difficult (for me) to swim in the river.
　　　　　└難しいです┘　　　　　　└川で泳ぐこと┘

例題3　（私にとって）テレビゲームをするのはおもしろかったです。
　　　　It was fun (for me) to play video games.
　　　　　└おもしろかったです┘　　└テレビゲームをすること┘

過去のことを言うときは、be動詞をwasにします

There is/are ○ + 場所 「(場所)に○があります／います」

「テーブルの下に1匹のねこがいます。」「郵便局の前に3台の自転車があります。」のように、「○○があります（います）」と、ものや人の存在を表すときは、〈There is / are〉を使います。

例題4　テーブルの下に1匹のねこがいます。
　　　　There is a cat under the table.
　　　　└〜がいます┘└1匹のねこ┘

例題5　郵便局の前に3台の自転車があります。
　　　　There are three bikes in front of the post office.
　　　　└〜があります┘└3台の自転車┘

例題6　30年前、ここには大きな木がありました。
　　　　There was a big tree here 30 years ago.
　　　　└〜がありました┘└大きな木┘

ある(いる)ものが複数の場合は、There are にします

練習しよう！ 〈It is ～ to ...〉〈There is ○ + 場所〉

次の _____ に当てはまる単語や熟語を下の _____ から選んで書きましょう。

① 友達とサッカーをするのは楽しいです。

It is _____ to _____ soccer with friends.

② この質問に答えるのは簡単です。

It is _____ to _____ this question.

③ 新しい場所へ旅行するのはわくわくします。

It is _____ to _____ to new places.

④ かごの中に5つのりんごがあります。

There are _____ in the basket.

⑤ 私の家の近くに大きな公園があります。

There is _____ near my house.

---

travel　　go　　do　　play　　do　　answer

important　　easy　　exciting　　fun　　difficult

five apples　　five apple　　big parks　　a big park

解答 ① fun , play ② easy , answer ③ exciting , travel ④ five apples ⑤ a big park

43

〈It is 〜 to ...〉〈There is ○ + 場所〉を「意味順メソッド」で解いてみよう

〈It is 〜 to ...〉〈There is ○ + 場所〉の文も、「意味順」を用いれば次のように表すことができます。語順を覚えるのに便利なので、ぜひ活用してください。

● 44ページの【例題1】を「意味順」ボックスに並べてみよう。

（私にとって）英語を学ぶことは重要です。
It is important (for me) **to** study English.

だれが	する（です）	だれ・なに	どこ	いつ
It	is	important	—	—
(for me)	to study	English.	—	—

ポイント 文のはじめのItは2段目の内容を指している

● 44ページの【例題3】を「意味順」ボックスに並べてみよう。

（私にとって）テレビゲームをすることはおもしろかったです。
It was fun (for me) **to** play video games.

だれが	する（です）	だれ・なに	どこ	いつ
It	was	fun	—	—
(for me)	to play	video games.	—	—

● 44ページの【例題4】を「意味順」ボックスに並べてみよう。

テーブルの下に1匹のねこがいます。
There is a cat under the table.

だれが	する（です）	だれ・なに	どこ	いつ
There	is	a cat	under the table.	—

ポイント There is/areの後ろに続く単語が単数（1つ）なのでis
ポイント 「だれが」のボックスに存在を表すthereを入れる

● 44ページの【例題5】を「意味順」ボックスに並べてみよう。

郵便局の前に3台の自転車があります。
There are three bikes in front of the post office.

だれが	する（です）	だれ・なに	どこ	いつ
There	are	three bikes	in front of the post office.	—

ポイント There is/areの後ろに続く単語が複数（2つ以上）なのでare

Part 2

英検3級形式の問題に挑戦!

Part1で学習した「意味順」式の疑問文の答え方を活用して、ライティング問題への解答の仕方を練習しましょう。

意味順メソッドで過去問を解く

Eメール問題
過去問題：2024年第1回テスト問題（6月2日実施）

Eメールを読んで、その返信メールを書くという問題です。実際の問題がどのようなものか、また、どのように答えるのがよいか、過去問題を見ながら解説します。次の手順にしたがって問題を解いていきましょう。

解法 1 日本語の問題文を確認しよう！

時間の目安
1分/15

確認ポイント
解答欄からはみだした答えは、得点にならないので注意！

確認ポイント
2つの質問を確認しよう！

Grade 3

4 ライティング（Eメール）

ライティングテストは、2つ問題（4と5）があります。忘れずに、2つの問題に解答してください。この問題は解答用紙B面の4の解答欄に解答を記入してください。

● あなたは、外国人の友達（James）から以下のEメールを受け取りました。Eメールを読み、それに対する返信メールを、☐に英文で書きなさい。
● あなたが書く返信メールの中で、友達（James）からの<u>2つの質問（下線部）</u>に対応する内容を、あなた自身で自由に考えて答えなさい。
● あなたが書く返信メールの中で☐に書く英文の語数の目安は、<u>15語〜25語</u>です。
● 解答は、解答用紙のB面にあるEメール解答欄に書きなさい。なお、<u>解答欄の外に書かれたものは採点されません。</u>
● <u>解答が友達（James）のEメールに対応していないと判断された場合は、0点と採点されることがあります。</u>友達（James）のEメールの内容をよく読んでから答えてください。
● ☐の下の Best wishes, の後にあなたの名前を書く必要はありません。

```
Hi,
Thank you for your e-mail.
I heard that you went to the art museum in your town. I have
some questions for you. How many pictures did you see at the
art museum?  And how long did you stay there?
Your friend,
James
```

確認ポイント
質問に対する答えになっていないと得点にならないので注意！

確認ポイント
解答の語数に注意！

```
Hi, James!
Thank you for your e-mail.
    解答は、解答用紙のB面にあるEメール解答欄に書きなさい。
    なお、解答欄の外に書かれたものは採点されません。

Best wishes,
```

MEMO

解法 2　Eメールを読み、内容を把握しよう！

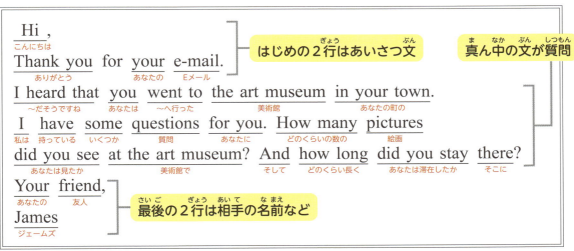

Hi ,
こんにちは
Thank you for your e-mail.
　ありがとう　　あなたの　　Eメール
I heard that you went to the art museum in your town.
　～だそうですね　あなたは　　　～へ行った　　美術館　　　　　　　　あなたの町の
I have some questions for you. How many pictures
私は　持っている　いくつか　　質問　　　あなたに　どのくらいの数の　　絵画
did you see at the art museum? And how long did you stay there?
あなたは見たか　　　美術館で　　　　　そして　どのくらい長く　あなたは滞在したか　そこに
Your friend,
あなたの　友人
James
ジェームズ

はじめの2行はあいさつ文
真ん中の文が質問
最後の2行は相手の名前など

Hi , James!
こんにちは　ジェームズ！
Thank you for your e-mail.
　ありがとう　　あなたの　　Eメール

解答は，解答用紙のB面にあるEメール解答欄に書きなさい。
なお，解答欄の外に書かれたものは採点されません。

Best wishes,
お元気で

日本語訳（全文）

こんにちは、
メールをありがとう。
あなたは、あなたの町の美術館に行かれたそうですね。あなたにいくつか質問があります。
あなたは美術館で何点の絵画を見ましたか。そして、あなたはどのくらいそこに滞在しましたか。
あなたの友人の
ジェームズ

こんにちは、ジェームズ！
メールをありがとう。

解答は，解答用紙のB面にあるEメール解答欄に書きなさい。
なお，解答欄の外に書かれたものは採点されません。

お元気で

Part 2

47

解法 3　日本語で解答を考えよう！

時間の目安
3分/15

2つの質問を確認する

☑ **1つ目の質問**

> How many pictures did you see at the art museum?

（あなたは美術館で何点の絵画を見ましたか。）

☑ **2つ目の質問**

> And how long did you stay there?

（そして、あなたはそこにどのくらい滞在しましたか。）

質問に対する解答を考え、メモをとる。
簡単なコメント（感想）も付けくわえる。

本番ではMEMOの内容を自分で考えます。

MEMO

- 何点の絵画を見たか → 約30点の絵画を見た
- どのくらい滞在したか → 2時間滞在した
- コメント（感想） → 美術館は本当に楽しかった

	だれが	する（です）	だれ・なに	どこ	いつ
日					
英					

48

解法 4　3ステップで解答を作ろう！

時間の目安　8分/15

ステップ 1　MEMOに「意味順ボックス」を書き、上の段に日本語を並べる。

1つ目の質問　How many pictures did you see at the art museum?

質問の和訳：あなたは ▼　美術館で ▼　何点の絵画を ▼　見ましたか ▼
解答：私は　そこで　約30点の絵画を　見ました

	だれが	する（です）	だれ・なに	どこ	いつ
(日)	私は	見ました	約30点の絵画を	そこで	—
(英)					

2つ目の質問　And how long did you stay there?

質問の和訳：あなたは ▼　そこに ▼　どのくらい ▼　滞在しましたか ▼
解答：私は　そこに　2時間　滞在しました

	だれが	する（です）	だれ・なに	どこ	いつ
(日)	私は	滞在しました	—	そこに	2時間
(英)					

ヒント　「2時間（＝どのくらい）」はここに入れる

感想（コメント）　私は美術館を本当に楽しみました。

	だれが	する（です）	だれ・なに	どこ	いつ
(日)	私は	本当に楽しみました	美術館を	—	—
(英)					

ステップ 2 「意味順ボックス」の日本語の下に英語を並べる。

1つ目の解答 私はそこで約30点の絵画を見ました。

	だれが	する（です）	だれ・なに	どこ	いつ
(日)	私は	見ました	約30点の絵画を	そこで	―
(英)					―

ヒント　seeの過去形を入れる

2つ目の解答 私はそこに2時間滞在しました。

	だれが	する（です）	だれ・なに	どこ	いつ
(日)	私は	滞在しました	―	そこに	2時間
(英)			―		

ヒント　滞在する＝stay

コメント（感想） 私は美術館を本当に楽しみました。

	だれが	する（です）	だれ・なに	どこ	いつ
(日)	私は	本当に楽しみました	美術館を	―	―
(英)				―	―

ヒント　本当に＝really、楽しむ＝enjoy

ステップ 3 解答を見直す。

見直しポイント
- ☑ 内容：質問に適切に答えているか。
- ☑ 語彙：スペルにミスはないか。
- ☑ 文法：「だれが」（主語）はあるか。
  時制や冠詞、3単現のs、単数・複数などを確認したか。

1つ目の解答　私はそこで約30点の絵画を見ました。

	だれが	する（です）	だれ・なに	どこ	いつ
(日)	私は	見ました	約30点の絵画を	そこで	―
(英)	I	saw	about thirty pictures	there.	―

- ポイント　過去形のつづりに注意！（saw）
- ポイント　複数形のsを忘れないように！（pictures）

2つ目の解答　私はそこに2時間滞在しました。

	だれが	する（です）	だれ・なに	どこ	いつ
(日)	私は	滞在しました	―	そこに	2時間
(英)	I	stayed	―	there	for two hours.

- ポイント　複数形のsを忘れないように！

コメント（感想）　私は美術館を本当に楽しみました。

	だれが	する（です）	だれ・なに	どこ	いつ
(日)	私は	本当に楽しみました	美術館を	―	―
(英)	I	really enjoyed	the art museum.	―	―

- ポイント　現在形enjoy→過去形enjoyed
- ポイント　質問と同じ場所を指す場合、冠詞はtheを使う

解答例

Hi, James!
Thank you for your e-mail.

> I saw about thirty pictures there. I stayed there for two hours.
> I really enjoyed the art museum.　　　　　　　　　　　　　　（18語）

Best wishes,

解答が15語～25語になっているかを確認する

Part 2

意味順メソッドで過去問を解く

英作文問題
過去問題：2024年第1回テスト問題（6月2日実施）

英作文問題は、質問について自分の意見を述べ、さらに、その理由を2つ記述するという問題です。実際の過去問題を見ながら、解答を作るコツを解説します。

解法1　日本語の問題文を確認しよう！

時間の目安　1分/13

確認ポイント
解答の語数に注意！

確認ポイント
解答の理由は2つ必要

Grade 3

5　ライティング（英作文）

ライティングテストは、2つ問題（4と5）があります。忘れずに、2つの問題に解答してください。この問題は解答用紙B面の5の解答欄に解答を記入してください。

- あなたは、外国人の友達から以下のQUESTIONをされました。
- QUESTIONについて、あなたの考えとその理由を2つ英文で書きなさい。
- 語数の目安は25語～35語です。
- 解答は、解答用紙のB面にある英作文解答欄に書きなさい。なお、解答欄の外に書かれたものは採点されません。
- 解答がQUESTIONに対応していないと判断された場合は、0点と採点されることがあります。QUESTIONをよく読んでから答えてください。

QUESTION
What is your favorite place to do your homework?

MEMO

確認ポイント
解答欄からはみだした答えは、得点にならないので注意！

確認ポイント
質問に対する答えになっていないと、得点にならないので注意！

52

解法 2　質問の内容を把握しよう！

<u>What</u>　<u>is</u>　<u>your favorite place to do your homework?</u>
何　　　　　　　　宿題をするのにあなたの好きな場所は〜か

> What（なに）を使って場所（どこ）をたずねている。

日本語訳　宿題をするのにあなたの好きな場所はどこですか。

解法 3　日本語で解答を考えよう！

解答を作るためのメモをとる。

☑ **質問**

> What is your favorite place to do your homework?

（宿題をするのにあなたの好きな場所はどこですか。）

☑ **解答のポイント**　① 自分の意見を述べる
　　　　　　　　　　② ①の意見の理由を2つ述べる

MEMO

- 宿題をするのに好きな場所はどこか → 自分の部屋
- その理由を2つ → ・辞書を使うことができるから
　　　　　　　　　・静かな場所で宿題をするのが好きだから

	だれが	する（です）	だれ・なに	どこ	いつ
日					
英					

53

解法 4 　3ステップで解答を作ろう！

時間の目安 8分/13

ステップ 1　MEMOに「意味順ボックス」を書き、上の段に日本語を並べる。

質問　What is your favorite place to do your homework?

質問の和訳：宿題をするのにあなたが好きな場所は ▼ / どこ ▼ / ですか ▼

解答：宿題をするのに私が好きな場所は / 自分の部屋 / です

意見　宿題をするのに私が好きな場所は自分の部屋です。

	だれが	する（です）	だれ・なに	どこ	いつ
(日)	宿題をするのに私が好きな場所は	です	自分の部屋	—	—
(英)					

理由1　第1に、(私が)英語の宿題をするとき、私はそこで辞書を使うことができます。

ヒント　質問にあるyour favorite placeを代名詞に置きかえる

	たまてばこ	だれが	する（です）	だれ・なに	どこ	いつ
(日)	第1に、	私は	使うことができます	辞書を	そこで	—
(英)						
(日)	(〜する)とき	私が	する	英語の宿題を	—	—
(英)						

理由2　第2に、私は静かな場所で一人で宿題をするのが好きです。

	たまてばこ	だれが	する（です）	だれ・なに	どこ	いつ
(日)	第2に、	私は	好きです	一人で宿題をするのが	静かな場所で	—
(英)						

ステップ 2 「意味順ボックス」の日本語の下に英語を並べる。

意見 宿題をするのに私が好きな場所は自分の部屋です。

	だれが	する（です）	だれ・なに	どこ	いつ
(日)	宿題をするのに私が好きな場所は	です	自分の部屋	ー	ー
(英)					

ヒント「私の好きな場所」= my favorite place

理由1 第1に、（私が）英語の宿題をするとき、私はそこでは辞書を使うことができます。

	たまてばこ	だれが	する（です）	だれ・なに	どこ	いつ
(日)	第1に、	私は	使うことができます	辞書を	そこで	ー
(英)						
(日)	(〜する)とき	私が	する	英語の宿題を	ー	ー
(英)						

ヒント ここにwhenを入れて「辞書を使うことができる」と「私が英語の宿題をするとき」の2つの文をつなぐ

理由2 第2に、私は静かな場所で一人で宿題をするのが好きです。

	たまてばこ	だれが	する（です）	だれ・なに	どこ	いつ
(日)	第2に、	私は	好きです	一人で宿題をするのが	静かな場所で	ー
(英)						

ヒント「一人で」= alone

Part 2

ステップ 3 解答を見直す。

見直しポイント
- ☑ 内容：質問に適切に答えているか。
- ☑ 語彙：スペルにミスはないか。
- ☑ 文法：「だれが」（主語）はあるか。
  時制や冠詞、3単現のs、単数・複数などを確認したか。

[意見] 宿題をするのに私が好きな場所は自分の部屋です。

	だれが	する（です）	だれ・なに	どこ	いつ
(日)	宿題をするのに私が好きな場所は	です	自分の部屋	―	―
(英)	My favorite place to do my homework	is	my room.	―	―

→ **ポイント** homework「宿題」には「だれの」という情報が必要

[理由1] 第1に、（私が）英語の宿題をするとき、私はそこでは辞書を使うことができます。

→ **ポイント** dictionary「辞書」には「だれの」という情報が必要

	たまてばこ	だれが	する（です）	だれ・なに	どこ	いつ
(日)	第1に、	私は	使うことができます	辞書を	そこでは	―
(英)	First,	I	can use	my dictionary	there	―
(日)	〜するとき	私が	する	英語の宿題を	―	―
(英)	when	I	do	my English homework.	―	―

[理由2] 第2に、私は静かな場所で宿題をするのが好きです。

	たまてばこ	だれが	する（です）	だれ・なに	どこ	いつ
(日)	第2に、	私は	好きです	一人で宿題をするのが	静かな場所で	―
(英)	Second,	I	like	doing my homework alone	in a quiet place.	―

→ **ポイント** place（場所）は数えられる名詞なのでaが必要

解答例

解答が25語〜35語になっているか見直す

My favorite place to do my homework is my room.
First, I can use my dictionary there when I do my English homework.
Second, I like doing my homework alone in a quiet place.

(34語)

別解

☑ doing my homeworkは、to do my homeworkでもよい。

I like **doing my homework** alone in a quiet place.
↓
I like **to do my homework** alone in a quiet place.

☑ aloneの位置は、文末でもよい。

I like doing my homework **alone** in a quiet place.

I like doing my homework in a quiet place **alone**.

---

to do と doing

しっかり理解しよう！

「〜すること」という英文を作るとき、〈to do〉と〈〜ing〉の使い分けに悩むことがよくあります。likeの場合は、like to doでもlike doingでも、どちらでもよいですが、〈to do〉を使うか、〈〜ing〉を使うか、決まっている動詞があります。

〈to do〉を使う動詞　（例）	〈〜ing〉を使う動詞　（例）
decide「決める」 expect「予期する」 hope「望む」 promise「約束する」 want「欲する」	avoid「避ける」 consider「よく考える」 enjoy「楽しむ」 finish「終える」 stop「やめる」

意味順メソッドで練習問題を解く

Eメール問題 1

解法1 日本語の問題文を確認しよう！

時間の目安 1分／15

ライティング（Eメール）

- あなたは，外国人の友達（David）から以下のEメールを受け取りました。Eメールを読み，それに対する返信メールを，☐に英文で書きなさい。
- あなたが書く返信メールの中で，友達（David）からの2つの質問（下線部）に対応する内容を，あなた自身で自由に考えて答えなさい。
- あなたが書く返信メールの中で☐に書く英文の語数の目安は，15語〜25語です。
- 解答は，右のEメール解答欄に書きなさい。なお，解答欄の外に書かれたものは採点されません。
- 解答が友達（David）のEメールに対応していないと判断された場合は，0点と採点されることがあります。友達（David）のEメールの内容をよく読んでから答えてください。
- ☐の下のBest wishes, の後にあなたの名前を書く必要はありません。

Hi,

Thank you for your e-mail.

I heard that you went to your school festival yesterday. Can you tell me more about it? <u>How many people were at the festival?</u> And <u>how was it?</u>

Your friend,
David

Hi, David!

Thank you for your e-mail.

> 解答は，解答用紙のB面にあるEメール解答欄に書きなさい。
> なお，解答欄の外に書かれたものは採点されません。

Best wishes,

MEMO

58

解法 2　Eメールを読み、内容を把握しよう！

時間の目安 3分/15

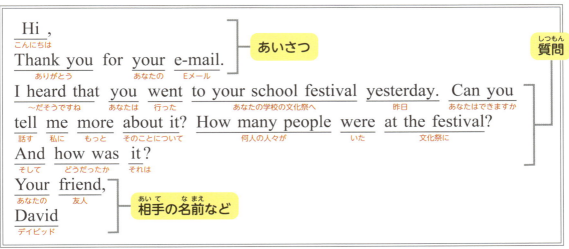

```
Hi ,
 こんにちは
Thank you  for  your  e-mail.     ─ あいさつ
 ありがとう    あなたの   Eメール
I heard that  you  went  to your school festival yesterday.  Can you
 ～だそうですね  あなたは  行った    あなたの学校の文化祭へ        昨日     あなたはできますか
tell  me  more  about it?  How many people  were  at the festival?    ─ 質問
 話す  私に  もっと  そのことについて  何人の人々が    いた    文化祭に
And  how  was  it ?
 そして  どうだったか  それは
Your  friend,    ─ 相手の名前など
 あなたの  友人
David
 デイビッド
```

```
Hi , David!
 こんにちは デイビッド
Thank you  for  your  e-mail.
 ありがとう   あなたの   Eメール

┌─────────────────────────────────────────┐
│　　解答は，解答用紙のB面にあるEメール解答欄に書きなさい。　　　│
│　　　なお，解答欄の外に書かれたものは採点されません。　　　　　│
└─────────────────────────────────────────┘

Best wishes,
 お元気で
```

日本語訳（全文）

こんにちは、
メールをありがとう。
あなたは昨日、あなたの学校の文化祭に行かれたそうですね。それについて私にもう少しくわしく教えてください。文化祭には何人（くらい）いましたか。そして、それ（＝文化祭）はどうでしたか。
あなたの友人の
デイビッド

こんにちは、デイビッド！
メールをありがとう。

┌───┐
│　　解答は，解答用紙のB面にあるEメール解答欄に書きなさい。　　　│
│　　　なお，解答欄の外に書かれたものは採点されません。　　　　　│
└───┘

お元気で

59

解法 3　日本語で解答を考えよう！

時間の目安
3分/15

2つの質問を確認する

✅ **1つ目の質問**

> How many people were at the festival?

（文化祭には何人（くらい）いましたか。）※ the fesitival=your school festival

✅ **2つ目の質問**

> And how was it?

（そして、それ（文化祭）はどうでしたか。）

> how was it! の it は your school festival「あなたの学校の文化祭」のことを指しているよ。

**質問に対する解答を考え、メモをとる。
簡単なコメント（感想）も付けくわえる。**

MEMO

- 文化祭の参加者数 → 200人以上
- それはどうだったか → すばらしかった
- コメント（感想）：食べ物がとてもおいしかった

> コメント（感想）は、そこで会った「人」や食べた「モノ」について感想を述べるとよいでしょう。

	だれが	する（です）	だれ・なに	どこ	いつ
日					
英					

解法 4　3ステップで解答を作ろう！

時間の目安 8分/15

ステップ 1　MEMOに「意味順ボックス」を書き、上の段に日本語を並べる。

1つ目の質問　How many people were at the festival?

質問の和訳	文化祭には	何人（くらい）	いましたか
解答	そこには	200人以上の人が	いました

	だれが	する（です）	だれ・なに	どこ	いつ
（日）	〜がいました		200人以上の人が	そこには	―
（英）					

2つ目の質問　And how was it?

質問の和訳	そして	どうでしたか	それは
解答		すばらしかったです	それは

こう考えよう！ 私たちはそこですばらしい時間を過ごしました。

	だれが	する（です）	だれ・なに	どこ	いつ
（日）	私たちは	過ごしました	すばらしい時間を	そこで	―
（英）					

ヒント　「（時間を）過ごす」は＝haveで表すことができます

感想（コメント）　食べ物がとてもおいしかったです。

	だれが	する（です）	だれ・なに	どこ	いつ
（日）	食べ物が	〜かったです	とてもおいし（い）	―	―
（英）					

ヒント　食べ物は生き物ではないが、「だれが」に入れる

ステップ 2 「意味順ボックス」の日本語の下に英語を並べる。

1つ目の解答 そこには200人以上の人がいました。

	だれが	する（です）	だれ・なに	どこ	いつ
日	〜がいました		200人以上の人が	そこには	—
英					—

ヒント There are の過去形

2つ目の解答 それ（＝文化祭）はすばらしかったです。

こう考えよう！ 私たちはそこですばらしい時間を過ごしました。

	だれが	する（です）	だれ・なに	どこ	いつ
日	私たちは	過ごしました	すばらしい時間を	そこで	—
英					—

ヒント すばらしい時間を過ごす＝have a wonderful time

コメント（感想） 食べ物がとてもおいしかったです。

	だれが	する（です）	だれ・なに	どこ	いつ
日	食べ物が	〜かったです	とてもおいし(い)	—	—
英				—	—

ヒント 食べ物＝food　　ヒント おいしい＝good

ステップ 3 解答を見直す。

見直しポイント
- ☑ 内容：質問に適切に答えているか。
- ☑ 語彙：スペルにミスはないか。
- ☑ 文法：「だれが」（主語）はあるか。
  時制や冠詞、3単現のs、単数・複数などを確認したか。

1つ目の解答 そこには200人以上の人がいました。

	だれが	する（です）	だれ・なに	どこ	いつ
日	～がいました		200人以上の人が	そこには	―
英	There	were	more than two hundred people	there.	―

2つ目の解答 私たちはそこですばらしい時間を過ごしました。

	だれが	する（です）	だれ・なに	どこ	いつ
日	私たちは	過ごしました	すばらしい時間を	そこで	―
英	We	had	a wonderful time	there.	―

これもOK 「それはすばらしかったです」 It was wonderful.

コメント（感想） 食べ物がとてもおいしかったです。

	だれが	する（です）	だれ・なに	どこ	いつ
日	食べ物が	～かったです	とてもおいし(い)	―	―
英	The food	was	very good.	―	―

ポイント 話題に出ている「食べ物」について話しているのでfoodにtheを付ける　**これもOK** delicious

解答例

> Hi, David!
> Thank you for your e-mail.
>
> > There were more than two hundred people there. We had a wonderful time there. The food was very good. (19語)
>
> Best wishes,

解答が15語～25語になっているか確認する

意味順メソッドで練習問題を解く

Eメール問題 2

解法 1 日本語の問題文を確認しよう！

時間の目安 1分/15

ライティング（Eメール）

- あなたは，外国人の友達（Sarah）から以下のEメールを受け取りました。Eメールを読み，それに対する返信メールを，☐に英文で書きなさい。
- あなたが書く返信メールの中で，友達（Sarah）からの2つの質問（下線部）に対応する内容を，あなた自身で自由に考えて答えなさい。
- あなたが書く返信メールの中で☐に書く英文の語数の目安は，15語〜25語です。
- 解答は，右のEメール解答欄に書きなさい。なお，解答欄の外に書かれたものは採点されません。
- 解答が友達（Sarah）のEメールに対応していないと判断された場合は，0点と採点されることがあります。友達（Sarah）のEメールの内容をよく読んでから答えてください。
- ☐の下の Best wishes, の後にあなたの名前を書く必要はありません。

Hi,

How are you?

I heard that you went to the zoo last weekend. I have a couple of questions for you. What animals did you see at the zoo? And how long did you spend there?

Your friend,
Sarah

Hi, Sarah!

Thank you for your e-mail.

> 解答は，解答用紙のB面にあるEメール解答欄に書きなさい。
> なお，解答欄の外に書かれたものは採点されません。

Best wishes,

. MEMO

解法 2　Eメールを読み、内容を把握しよう！

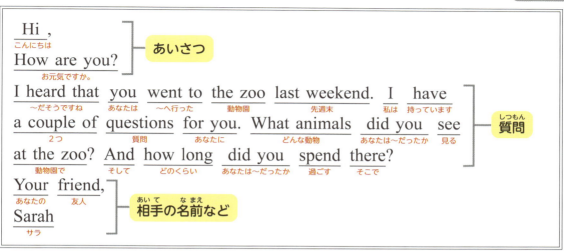

Hi, 〔こんにちは〕
How are you? 〔お元気ですか。〕 — あいさつ

I heard that 〔～だそうですね〕 you 〔あなたは〕 went to 〔～へ行った〕 the zoo 〔動物園〕 last weekend. 〔先週末〕 I 〔私は〕 have 〔持っています〕 a couple of 〔2つ〕 questions 〔質問〕 for you. 〔あなたに〕 What animals 〔どんな動物〕 did you 〔あなたは～だったか〕 see 〔見る〕 at the zoo? 〔動物園で〕 And 〔そして〕 how long 〔どのくらい〕 did you 〔あなたは～だったか〕 spend 〔過ごす〕 there? 〔そこで〕 — 質問

Your 〔あなたの〕 friend, 〔友人〕
Sarah 〔サラ〕 — 相手の名前など

Hi, Sarah! 〔こんにちは　サラ〕
Thank you 〔ありがとう〕 for your 〔あなたの〕 e-mail. 〔Eメール〕

　　　　解答は，解答用紙のＢ面にあるＥメール解答欄に書きなさい。
　　　　なお，解答欄の外に書かれたものは採点されません。

Best wishes, 〔お元気で〕

日本語訳（全文）

こんにちは、
お元気ですか。
あなたは先週末、動物園に行かれたそうですね。私はあなたに2つほど質問があります。あなたは動物園で、どんな動物を見ましたか。また、そこでどのくらい過ごしましたか。
あなたの友人の
サラ

こんにちは、サラ！
メールをありがとう。

　　　　解答は，解答用紙のＢ面にあるＥメール解答欄に書きなさい。
　　　　なお，解答欄の外に書かれたものは採点されません。

お元気で

Part 2

65

解法 3　日本語で解答を考えよう！

時間の目安　3分／15

2つの質問を確認する

☑ **1つ目の質問**

> What animals did you see at the zoo?

（動物園で、あなたはどんな動物を見ましたか。）

☑ **2つ目の質問**

> And how long did you spend there?

（また、そこでどのくらい過ごしましたか。）

how long は時間の長さをたずねるときに使います。

**質問に対する解答を考え、メモをとる。
簡単なコメント（感想）も付けくわえる。**

MEMO

- 動物園で見た動物 → 多くの動物、たとえばトラやゾウなど
- 動物園で過ごした時間 → 約3時間
- コメント（感想）：とても楽しかった

	だれが	する（です）	だれ・なに	どこ	いつ
日					
英					

66

解法 4 　3ステップで解答を作ろう！

時間の目安 8分/15

ステップ 1 　MEMOに「意味順ボックス」を書き、上の段に日本語を並べる。

1つ目の質問　What animals did you see at the zoo?

質問の和訳：あなたは ▼　動物園で ▼　どんな動物を ▼　見ましたか。▼

解答：私は　動物園で　多くの動物、たとえばトラやゾウなどを　見ました。

	だれが	する（です）	だれ・なに	どこ	いつ
（日）	私は	見ました	多くの動物、たとえばトラやゾウなどを	動物園で	ー
（英）					

2つ目の質問　And how long did you spend there?

質問の和訳：そして　あなたは ▼　そこで ▼　どのくらい ▼　過ごしましたか。▼

解答：私は　そこで　約3時間　過ごしました。

	だれが	する（です）	だれ・なに	どこ	いつ
（日）	私は	過ごしました	約3時間（を）	そこで	ー
（英）					

感想（コメント）　とても楽しかったです。

こう考えよう！　私はとても楽しい時間を過ごしました。

	だれが	する（です）	だれ・なに	どこ	いつ
（日）	私は	過ごしました	とても楽しい時間を	ー	ー
（英）					

ヒント　とても楽しい＝great、wonderful、nice など

ステップ 2 「意味順ボックス」の日本語の下に英語を並べる。

1つ目の解答 私は動物園で多くの動物、たとえばトラやゾウなどを見ました。

だれが	する（です）	だれ・なに	どこ	いつ
（日）私は	見ました	多くの動物、たとえばトラやゾウなど	動物園で	—
（英）				

ヒント「たとえばAやBなど」= such as A and B

2つ目の解答 私はそこで約3時間過ごしました。

だれが	する（です）	だれ・なに	どこ	いつ
（日）私は	過ごしました	約3時間（を）	そこで	—
（英）				

ヒント「過ごす」= spendの過去形が入る

コメント（感想） 私はとても楽しい時間を過ごしました。

だれが	する（です）	だれ・なに	どこ	いつ
（日）私は	過ごしました	とても楽しい時間を	—	—
（英）				

ヒント ピリオドの代わりにエクスクラメーションマーク「！」をつけて感情を強調する

ヒント「とても楽しい時間」= a great time

ステップ 3 解答を見直す。

見直しポイント
- ☑ 内容：質問に適切に答えているか。
- ☑ 語彙：スペルにミスはないか。
- ☑ 文法：「だれが」（主語）はあるか。
  時制や冠詞、3単現のs、単数・複数などを確認したか。

1つ目の解答 私は動物園で多くの動物、たとえばトラやゾウなどを見ました。

	だれが	する（です）	だれ・なに	どこ	いつ
日	私は	見ました	多くの動物、たとえばトラやゾウなど	動物園で	―
英	I	saw	many animals, such as tigers and elephants,	at the zoo.	―

ポイント 現在形 see - 過去形 saw

2つ目の解答 私はそこで約3時間過ごしました。

	だれが	する（です）	だれ・なに	どこ	いつ
日	私は	過ごしました	約3時間（を）	そこで	―
英	I	spent	about three hours	there.	―

ポイント 現在形 spend - 過去形 spent

コメント（感想） 私はとても楽しい時間を過ごしました。

	だれが	する（です）	だれ・なに	どこ	いつ
日	私は	過ごしました	とても楽しい時間を	―	―
英	I	had	a great time!	―	―

ポイント 現在形 have - 過去形 had
これもOK a wonderful time / a nice time / a good time

解答例

Hi, Sarah!
Thank you for your e-mail.

> I saw many animals, such as tigers and elephants, at the zoo. I spent about three hours there. I had a great time! （23語）

Best wishes,

解答が15語～25語になっているか確認する

意味順メソッドで練習問題を解く

Eメール問題 3

解法 1 日本語の問題文を確認しよう！

時間の目安
1分/15

ライティング（Eメール）

- あなたは，外国人の友達（Emma）から以下のEメールを受け取りました。Eメールを読み，それに対する返信メールを，☐に英文で書きなさい。
- あなたが書く返信メールの中で，友達（Emma）からの 2 つの質問（下線部）に対応する内容を，あなた自身で自由に考えて答えなさい。
- あなたが書く返信メールの中で☐に書く英文の語数の目安は，15 語～ 25 語です。
- 解答は，右のEメール解答欄に書きなさい。なお，解答欄の外に書かれたものは採点されません。
- 解答が友達（Emma）のEメールに対応していないと判断された場合は，0 点と採点されることがあります。友達（Emma）のEメールの内容をよく読んでから答えてください。
- ☐の下の Best wishes, の後にあなたの名前を書く必要はありません。

Hi,

Thanks for your message.

I heard that you attended a concert last weekend. I have a few questions for you. Who performed at the concert? And how did you like it?

Your friend,
Emma

Hi, Emma!

Thank you for your e-mail.

> 解答は，解答用紙のB面にあるEメール解答欄に書きなさい。
> なお，解答欄の外に書かれたものは採点されません。

Best wishes,

MEMO

解法 2　Eメールを読み、内容を把握しよう！

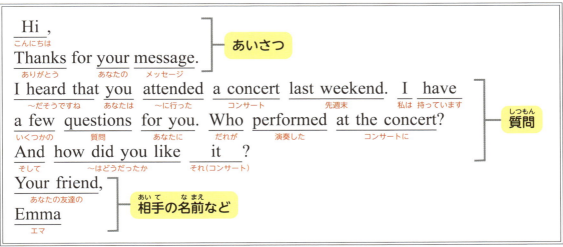

Hi,（こんにちは）
Thanks for your message.（ありがとう／あなたの／メッセージ）　**あいさつ**
I heard that you attended a concert last weekend. I have a few questions for you. Who performed at the concert? And how did you like it?
（〜だそうですね／あなたは／〜に行った／コンサート／先週末／私は／持っています／いくつかの／質問／あなたに／だれが／演奏した／コンサートに／そして／〜はどうだったか／それ(コンサート)）　**質問**
Your friend,（あなたの友達の）　**相手の名前など**
Emma（エマ）

Hi, Emma!（こんにちは／エマ）
Thank you for your e-mail.（ありがとう／あなたの／Eメール）

　　　　解答は，解答用紙のB面にあるEメール解答欄に書きなさい。
　　　　なお，解答欄の外に書かれたものは採点されません。

Best wishes,（お元気で）

日本語訳（全文）

こんにちは、
メッセージをありがとう。
先週末、あなたはコンサートに行かれたそうですね。私はあなたにいくつか質問があります。
そのコンサートでは誰が演奏しましたか。そして、それ（コンサート）はどうでしたか。
あなたの友人の
エマ

こんにちは、エマ！
メールをありがとう。

　　　　解答は，解答用紙のB面にあるEメール解答欄に書きなさい。
　　　　なお，解答欄の外に書かれたものは採点されません。

お元気で

解法 3 日本語で解答を考えよう！

2つの質問を確認する

✓ 1つ目の質問

> Who performed at the concert?

（そのコンサートには、誰が出演しましたか。）

✓ 2つ目の質問

> And how did you like it?

（そして、それ（コンサート）はどうでしたか。）

質問に対する解答を考え、メモをとる。
簡単なコメント（感想）も付けくわえる。

MEMO

- コンサートに出演した人は？ → 私の大好きな歌手
- そのコンサートはどうだったか → とてもよかった
- コメント（感想）：彼女の次の東京でのコンサートにも行きたい

	だれが	する（です）	だれ・なに	どこ	いつ
日					
英					

解法 4　3ステップで解答を作ろう！

時間の目安 8分/15

ステップ 1　MEMOに「意味順ボックス」を書き、上の段に日本語を並べる。

1つ目の質問　Who performed at the concert?

質問の和訳：そのコンサートには ▼　だれが ▼　出演しましたか ▼

解答：そのコンサートには　／　私の大好きな歌手が　／　出演しました

だれが	する（です）	だれ・なに	どこ	いつ
私の大好きな歌手が	出演しました	―	そのコンサートには	―
(英)				

2つ目の質問　And how did you like it?

質問の和訳：そして　／　どうでしたか ▼　／　それは ▼

解答：すばらしかったです　／　それは

だれが	する（です）	だれ・なに	どこ	いつ
それは	～かったです	すばらし(い)	―	―
(英)				

感想（コメント）　私は彼女の次の東京でのコンサートにも行きたいです。

だれが	する（です）	だれ・なに	どこ	いつ
私は	行きたいです	―	彼女の次の東京でのコンサートにも	―
(英)				

73

ステップ 2　「意味順ボックス」の日本語の下に英語を並べる。

1つ目の解答　そのコンサートには、私の大好きな歌手が出演しました。

だれが	する（です）	だれ・なに	どこ	いつ
私の大好きな歌手が	出演しました	—	そのコンサートには	—

ヒント　「大好きな」= favorit

ヒント　「出演する」= perform

2つ目の解答　それはすばらしかったです。

だれが	する（です）	だれ・なに	どこ	いつ
それは	～かったです	すばらし(い)	—	—

ヒント　「すばらしい」= wonderful

コメント(感想)　私は彼女の次の東京でのコンサートにも行きたいです。

だれが	する（です）	だれ・なに	どこ	いつ
私は	行きたいです	—	彼女の次の東京でのコンサートにも	—

ヒント　「(ぜひ) ～したい」= would like to ～

ヒント　「彼女の次のコンサート」= her next concert

ステップ 3 解答を見直す。

見直しポイント
- ☑ 内容：質問に適切に答えているか。
- ☑ 語彙：スペルにミスはないか。
- ☑ 文法：「だれが」（主語）はあるか。
  時制や冠詞、3単現のs、単数・複数などを確認したか。

1つ目の解答 そのコンサートには、私の大好きな歌手が出演しました。

	だれが	する（です）	だれ・なに	どこ	いつ
(日)	私の大好きな歌手が	出演しました	—	そのコンサートには	—
(英)	My favorite singer	performed	—	at the concert.	—

ポイント 現在形 perform - 過去形 performed

2つ目の解答 それはすばらしかったです。

	だれが	する（です）	だれ・なに	どこ	いつ
(日)	それは	〜かったです	すばらし(い)	—	—
(英)	It	was	wonderful!	—	—

ポイント ピリオドの代わりにエクスクラメーションマーク（！）を付けると感情を強調することができる

コメント(感想) 私は彼女の次の東京でのコンサートにも行きたいです。

	だれが	する（です）	だれ・なに	どこ	いつ
(日)	私は	行きたいです	—	彼女の次の東京でのコンサートにも	—
(英)	I	would like to go	—	to her next concert in Tokyo.	—

ポイント would like to 〜はていねいな表現

解答例

> Hi, Emma!
> Thank you for your e-mail.
>
> > My favorite singer performed at the concert. It was wonderful!
> > I would like to go to her next concert in Tokyo.　　　　　　（21語）
>
> Best wishes,

解答が15語〜25語になっているか確認する

Part 2

75

意味順メソッドで練習問題を解く

Eメール問題 4

解法 1 日本語の問題文を確認しよう！

時間の目安 1分／15

ライティング（Eメール）

- あなたは，外国人の友達（Zhang）から以下のEメールを受け取りました。Eメールを読み，それに対する返信メールを，☐に英文で書きなさい。
- あなたが書く返信メールの中で，友達（Zhang）からの2つの質問（下線部）に対応する内容を，あなた自身で自由に考えて答えなさい。
- あなたが書く返信メールの中で☐に書く英文の語数の目安は，**15語〜25語**です。
- 解答は，右のEメール解答欄に書きなさい。なお，解答欄の外に書かれたものは採点されません。
- 解答が友達（Zhang）のEメールに対応していないと判断された場合は，**0点**と採点されることがあります。友達（Zhang）のEメールの内容をよく読んでから答えてください。
- ☐の下の **Best wishes,** の後にあなたの名前を書く必要はありません。

Hi,

How are you?

I heard that you had a soccer game last Friday. I have a few questions for you. <u>Where was the soccer game?</u> And <u>how often did you practice before the game?</u>

Talk to you soon,
Zhang

Hi, Zhang!

Thank you for your e-mail.

> 解答は，解答用紙のB面にあるEメール解答欄に書きなさい。
> なお，解答欄の外に書かれたものは採点されません。

Best wishes,

MEMO

解法 2　Eメールを読み、内容を把握しよう！

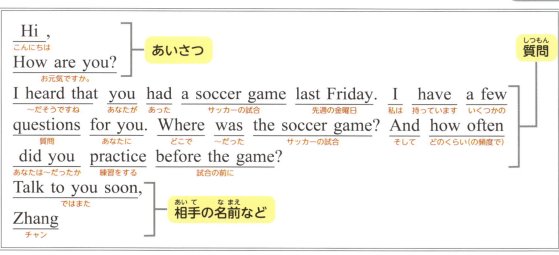

Hi, Zhang!
こんにちは　チャン
Thank you for your e-mail.
ありがとう　あなたの　Eメール

> 解答は，解答用紙のB面にあるEメール解答欄に書きなさい。
> なお，解答欄の外に書かれたものは採点されません。

Best wishes,
お元気で

日本語訳（全文）

こんにちは、
お元気ですか。
先週の金曜日、あなたはサッカーの試合があったそうですね。私はあなたにいくつか質問があります。サッカーの試合はどこで行われましたか。また、試合前にはどのくらいの頻度で練習をしましたか。

ではまた

チャン

こんにちは、チャン！
メールをありがとう。

> 解答は，解答用紙のB面にあるEメール解答欄に書きなさい。
> なお，解答欄の外に書かれたものは採点されません。

お元気で

解法 3 日本語で解答を考えよう！

2つの質問を確認する

☑ **1つ目の質問**

> Where was the soccer game?

（サッカーの試合はどこでありましたか。）

☑ **2つ目の質問**

> And how often did you practice before the game?

（そして試合前には、どのくらいの頻度で練習を行っていましたか。）

質問に対する解答を考え、メモをとる。
簡単なコメント（感想）も付けくわえる。

MEMO

- サッカーの試合会場 → 私の学校のグラウンドで
- 試合前に行った練習の頻度 → 試合前は毎日
- コメント（感想）：私のチームが試合に勝った

	だれが	する（です）	だれ・なに	どこ	いつ
日					
英					

解法 4 3ステップで解答を作ろう！

時間の目安 8分/15

ステップ 1 MEMOに「意味順ボックス」を書き、上の段に日本語を並べる。

1つ目の質問 Where was the soccer game?

質問の和訳： サッカーの試合は　どこで　ありましたか

解答： サッカーの試合は　私の学校のグラウンドで　ありました

	だれが	する（です）	だれ・なに	どこ	いつ
（日）	サッカーの試合は	ありました	—	私の学校のグラウンドで	—
（英）					

2つ目の質問 And how often did you practice before the game?

質問の和訳： そして、あなたは　試合前はどのくらいの頻度で　サッカーを　練習しましたか

解答： 私は　試合前は毎日　サッカーを　練習しました

	だれが	する（です）	だれ・なに	どこ	いつ
（日）	私は	練習しました	サッカーを	—	試合前は毎日
（英）					

感想（コメント） 私のチームが試合に勝ちました。

	だれが	する（です）	だれ・なに	どこ	いつ
（日）	私のチームが	勝ちました	試合に	—	—
（英）					

ステップ 2 「意味順ボックス」の日本語の下に英語を並べる。

1つ目の解答 サッカーの試合は、私の学校のグラウンドでありました。

	だれが	する（です）	だれ・なに	どこ	いつ
日	サッカーの試合は	ありました	—	私の学校のグラウンドで	—
英					

ヒント 「私の学校のグラウンドで」= on my school grounds

2つ目の解答 私は試合前は毎日サッカーを練習しました。

	だれが	する（です）	だれ・なに	どこ	いつ
日	私は	練習しました	サッカーを	—	試合前は毎日
英					

ヒント 試合前は毎日 = every day before the game

コメント（感想） 私のチームが試合に勝ちました。

	だれが	する（です）	だれ・なに	どこ	いつ
日	私のチームが	勝ちました	試合に	—	—
英					

ヒント 「試合」= match または game

ステップ 3 解答を見直す。

見直しポイント
- ☑ 内容：質問に適切に答えているか。
- ☑ 語彙：スペルにミスはないか。
- ☑ 文法：「だれが」（主語）はあるか。
  時制や冠詞、3単現のs、単数・複数などを確認したか。

1つ目の解答　サッカーの試合は、私の学校のグラウンドでありました。

	だれが	する(です)	だれ・なに	どこ	いつ
日	サッカーの試合は	ありました	—	私の学校のグラウンドで	—
英	The soccer game	was	—	on my school grounds.	—

これもOK「私たちは学校のグラウンドでサッカーの試合をしました。」= We had a soccer game on my school grounds.

2つ目の解答　私は試合前は毎日サッカーを練習しました。

	だれが	する(です)	だれ・なに	どこ	いつ
日	私は	練習しました	サッカーを	—	試合前は毎日
英	I	practiced	soccer	—	every day before the game.

これもOK the match

コメント(感想)　私のチームが試合に勝ちました。

	だれが	する(です)	だれ・なに	どこ	いつ
日	私のチームが	勝ちました	試合に	—	—
英	My team	won	the match!	—	—

ポイント 現在形 win - 過去形 won
これもOK the game

ポイント うれしい気持ちを強調するために、ピリオドの代わりにエクスクラメーションマーク(！)を使うこともできる

解答例

解答が15語〜25語になっているか確認する

Hi, Zhang!
Thank you for your e-mail.

> The soccer game was on my school grounds. I practiced soccer every day before the game. My team won the match! (21語)

Best wishes,

意味順メソッドで練習問題を解く

Eメール問題 5

解法 1 日本語の問題文を確認しよう！

時間の目安 1分/15

ライティング（Eメール）

- あなたは，外国人の友達（Jill）から以下のEメールを受け取りました。Eメールを読み，それに対する返信メールを，☐に英文で書きなさい。
- あなたが書く返信メールの中で，友達（Jill）からの2つの質問（下線部）に対応する内容を，あなた自身で自由に考えて答えなさい。
- あなたが書く返信メールの中で☐に書く英文の語数の目安は，15語〜25語です。
- 解答は，右のEメール解答欄に書きなさい。なお，解答欄の外に書かれたものは採点されません。
- 解答が友達（Jill）のEメールに対応していないと判断された場合は，0点と採点されることがあります。友達（Jill）のEメールの内容をよく読んでから答えてください。
- ☐の下のBest wishes, の後にあなたの名前を書く必要はありません。

Hi,

I hope you are doing well.

I heard that you went to the new Italian restaurant near our school. I have a few questions for you. <u>What did you have there?</u> <u>Was the food expensive?</u>

Your friend,
Jill

Hi, Jill!

Thank you for your e-mail.

> 解答は，解答用紙のB面にあるEメール解答欄に書きなさい。
> なお，解答欄の外に書かれたものは採点されません。

Best wishes,

MEMO

解法 2　Eメールを読み、内容を把握しよう！

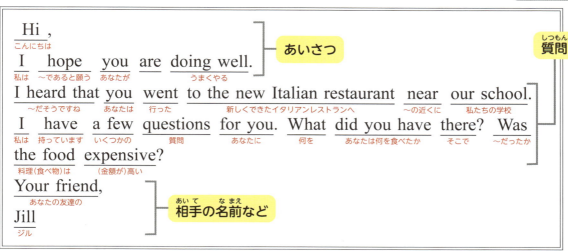

Hi,
I hope you are doing well.
I heard that you went to the new Italian restaurant near our school.
I have a few questions for you. What did you have there? Was the food expensive?
Your friend,
Jill

Hi, Jill!
Thank you for your e-mail.

　　　解答は，解答用紙のB面にあるEメール解答欄に書きなさい。
　　　なお，解答欄の外に書かれたものは採点されません。

Best wishes,

日本語訳(全文)

こんにちは、
お元気ですか。（〈直訳〉元気でいることを願っています。）
あなたは学校の近くの新しくできたイタリアンレストランに行ったそうですね。私はあなたにいくつか質問があります。あなたはそこでは何を食べましたか。料理(の金額)は高かったですか。
あなたの友人の
ジル

こんにちは、ジル！
メールをありがとう。

　　　解答は，解答用紙のB面にあるEメール解答欄に書きなさい。
　　　なお，解答欄の外に書かれたものは採点されません。

お元気で

解法 3 日本語で解答を考えよう！

時間の目安 3分/15

2つの質問を確認する

✅ **1つ目の質問**

> What did you have there?

（あなたはそこで何を食べましたか。）

✅ **2つ目の質問**

> Was the food expensive?

（料理は高かったですか。）

haveには「食べる」という意味もありましたね。

質問に対する解答を考え、メモをとる。
簡単なコメント（感想）も付けくわえる。

MEMO

- そこで食べた料理 → ピザとサラダ
- 料理の値段は高かったか → ピザはかなり高かった
- コメント（感想）：料理を本当に楽しんだ

	だれが	する（です）	だれ・なに	どこ	いつ
日					
英					

84

解法 4 　3ステップで解答を作ろう！

時間の目安 8分/15

ステップ 1　MEMOに「意味順ボックス」を書き、上の段に日本語を並べる。

1つ目の質問　What did you have there?

質問の和訳：あなたは ▼　そこで ▼　何を ▼　食べましたか

解答：私は／そのレストランで／ピザとサラダを／食べました

	だれが	する（です）	だれ・なに	どこ	いつ
日	私は	食べました	ピザとサラダを	そのレストランで	―
英					

2つ目の質問　Was the food expensive?

質問の和訳：料理は ▼　高かった ▼　ですか

解答：ピザは／かなり高かった／ですが／とてもおいしかったです

	たまてばこ	だれが	する（です）	だれ・なに	どこ	いつ
日	―	ピザは	〜かったです	かなり高（い）	―	―
英						
日	〜ですが	それは	〜かったです	とてもおいし（い）	―	―
英						

> ヒント 「Aですが、Bです」= A, but B

感想（コメント）　私はそれ（料理）を本当に楽しみました。

	だれが	する（です）	だれ・なに	どこ	いつ
日	私は	本当に楽しみました	それを	―	―
英					

85

ステップ 2 「意味順ボックス」の日本語の下に英語を並べる。

1つ目の解答 私はそのレストランで、ピザとサラダを食べました。

	だれが	する（です）	だれ・なに	どこ	いつ
日	私は	食べました	ピザとサラダを	そのレストランで	―
英					

ヒント 「食べる」＝ have または eat

2つ目の解答 ピザはかなり高かったですが、とてもおいしかったです。

ヒント 「かなり高い」＝ quite expensive

	たまてばこ	だれが	する（です）	だれ・なに	どこ	いつ
日	―	ピザは	〜かったです	かなり高い	―	―
英						
日	〜ですが	それは	〜かったです	とてもおいし（い）	―	―
英						

ヒント 「おいしい」＝ delicious

コメント（感想） 私は本当にそれ（料理）を楽しみました。

	だれが	する（です）	だれ・なに	どこ	いつ
日	私は	本当に楽しみました	それを	―	―
英					

ヒント 「本当に」＝ really

ステップ 3 解答を見直す。

見直しポイント
- ☑ 内容：質問に適切に答えているか。
- ☑ 語彙：スペルにミスはないか。
- ☑ 文法：「だれが」（主語）はあるか。時制や冠詞、3単現のs、単数・複数などを確認したか。

1つ目の解答 私はそのレストランで、ピザとサラダを食べました。

	だれが	する（です）	だれ・なに	どこ	いつ
日	私は	食べました	ピザとサラダを	そのレストランで	—
英	I	had[ate]	pizza and salad	at the restaurant.	—

ポイント 現在形 have[eat] - 過去形 had[ate]

2つ目の解答 ピザはかなり高かったですが、とてもおいしかったです。

	たまてばこ	だれが	する（です）	だれ・なに	どこ	いつ
日	—	ピザは	〜かったです	かなり高(い)	—	—
英	—	The pizza	was	quite expensive,	—	—
日	〜ですが	それは	〜かったです	とてもおいし(い)	—	—
英	but	it	was	delicious.	—	—

これもOK very　　これもOK really good

コメント(感想) 私は本当にそれを楽しみました。

	だれが	する（です）	だれ・なに	どこ	いつ
日	私は	本当に楽しみました	それを	—	—
英	I	really enjoyed	it.	—	—

解答例 　解答が15語〜25語になっているか確認する

Hi, Jill!
Thank you for your e-mail.

　　I had pizza and salad at the restaurant. The pizza was quite expensive, but it was delicious. I really enjoyed it. 　　　　(21語)

Best wishes,

意味順メソッドで練習問題を解く

英作文問題 1

解法 1 日本語の問題文を確認しよう！

時間の目安 1分/13

ライティング（英作文）

- あなたは，外国人の友達から以下の QUESTION をされました。
- QUESTION について，あなたの考えとその理由を 2 つ英文で書きなさい。
- 語数の目安は 25 語〜 35 語です。
- 解答は，右の英作文解答欄に書きなさい。
  なお，解答欄の外に書かれたものは採点されません。
- 解答が QUESTION に対応していないと判断された場合は，<u>0 点と採点されること
  があります。</u>QUESTION をよく読んでから答えてください。

QUESTION
Which do you like better, fruit juice or coffee?

MEMO

解法 2 質問の内容を把握しよう！

Which	do you like	better,	fruit juice	or	coffee?
どちら	あなたは好きか	より	フルーツジュース	または	コーヒー

> 日本語訳　あなたはフルーツジュースとコーヒーでは、どちらのほうが好きですか。

解法 3 日本語で解答を考えよう！

解答を作るためのメモをとる。

☑ **質問**

> Which do you like better, fruit juice or coffee?

（あなたはフルーツジュースとコーヒーでは、どちらのほうが好きですか。）

☑ **解答のポイント**　① 自分の意見を述べる
　　　　　　　　　　② ①の意見の理由を2つ述べる

MEMO

- 意見 → コーヒーよりフルーツジュースのほうが好き
- 理由1 → それがより健康的だと思うから
- 理由2 → 私は果物がとても好きだから（毎日バナナかりんごを食べている）

	だれが	する（です）	だれ・なに	どこ	いつ
日					
英					

解法 4 　3ステップで解答を作ろう！

時間の目安　8分/13

ステップ 1　MEMOに「意味順ボックス」を書き、上の段に日本語を並べる。

質問　Which do you like better, fruit juice or coffee?

質問の和訳：あなたは　▼　フルーツジュースとコーヒーでは、どちらのほうが　▼　好きですか　▼

解答：私は　／　コーヒーよりもフルーツジュースのほうが　／　好きです

意見　私はコーヒーよりもフルーツジュースのほうが好きです。

ヒント　2つのものを比べるときは「意味順ボックス」を2段使う
ヒント　「〜のほうが」は「だれ・なに」に入れる

たまてばこ	だれが	する（です）	だれ・なに	どこ	いつ
（日）—	私は	好きです	フルーツジュースのほうが	—	—
（英）					
（日）〜よりも	—	—	コーヒー	—	—
（英）					

ヒント　「〜よりも」は「たまてばこ」に入れる

理由1　第1に、それ（フルーツジュース）のほうがより健康的だと思います。

ヒント　1段目で「私は思います」と述べ、その内容は2段目に書く

たまてばこ	だれが	する（です）	だれ・なに	どこ	いつ
（日）第1に、	私は	思います	—	—	—
（英）					
（日）〜だと	それ	（〜です）	〜のほうがより健康的	—	—
（英）					

理由2　第2に、私は果物が本当に好きで、毎日バナナかりんごを食べています。

たまてばこ	だれが	する（です）	だれ・なに	どこ	いつ
（日）第2に、	私は	本当に好きで(す)	果物が	—	—
（英）					
（日）（そして）	（私は）	食べています	バナナかりんごを	—	毎日
（英）					

ヒント　「いつ」の情報を入れるのも忘れないように！

ステップ 2 「意味順ボックス」の日本語の下に英語を並べる。

意見　私はコーヒーよりもフルーツジュースのほうが好きです。

ヒント　likeなど好みを表す動詞を使う場合はbetterまたはmoreを使って程度の強さを表す

	たまてばこ	だれが	する（です）	だれ・なに	どこ	いつ
(日)	―	私は	好きです	フルーツジュースのほうが	―	―
(英)						
(日)	～よりも	―	―	コーヒー	―	―
(英)						

理由1　第1に、それ（フルーツジュース）のほうがより健康的だと思います。

	たまてばこ	だれが	する（です）	だれ・なに	どこ	いつ
(日)	第1に、	私は	思います	―	―	―
(英)				―	―	―
(日)	～だと	それ	（～です）	～のほうがより健康的	―	―
(英)						

ヒント　接続詞that「（～だ）と」を使って、「私は思う」と「それのほうがより健康的」という2つの文をつなぐ

ヒント　「健康的な」= healthyの比較級が入る

理由2　第2に、私は果物が本当に好きで、毎日バナナかりんごを食べています。

	たまてばこ	だれが	する（です）	だれ・なに	どこ	いつ
(日)	第2に、	私は	本当に好きで(す)	果物が	―	―
(英)						
(日)	（そして）	（私は）	食べています	バナナかりんごを	―	毎日
(英)						

ヒント　この場合の「食べています」は、毎日の習慣を表しているので現在形

ステップ 3 解答を見直す。

見直しポイント
- ☑ 内容：質問に適切に答えているか。
- ☑ 語彙：スペルにミスはないか。
- ☑ 文法：「だれが」（主語）はあるか。
  時制や冠詞、3単現のs、単数・複数などを確認したか。

意見　私はコーヒーよりもフルーツジュースのほうが好きです。

	たまてばこ	だれが	する（です）	だれ・なに	どこ	いつ
(日)	—	私は	好きです	フルーツジュースのほうが	—	—
(英)	—	I	like	fruit juice better	—	—
(日)	〜よりも	—	—	コーヒー	—	—
(英)	than	—	—	coffee.	—	—

理由1　第1に、それ（フルーツジュース）のほうがより健康的だと思います。

	たまてばこ	だれが	する（です）	だれ・なに	どこ	いつ
(日)	第1に、	私は	思います	—	—	—
(英)	First,	I	think	—	—	—
(日)	〜だと	それ	（〜です）	〜のほうがより健康的	—	—
(英)	that	it	is	healthier.	—	—

ポイント　原形 healthy - 比較級 healthier

理由2　第2に、私は果物が本当に好きで、毎日バナナかりんごを食べています。

	たまてばこ	だれが	する（です）	だれ・なに	どこ	いつ
(日)	第2に、	私は	本当に好きで(す)	果物が	—	—
(英)	Second,	I	really like	fruit,	—	—
(日)	(そして)	(私は)	食べています	バナナかりんごを	—	毎日
(英)	and	I	eat	bananas or apples	—	every day.

ポイント　特定のものではない場合、banana も apple も複数形になる

ポイント　「果物」全体を指す場合は、fruit は複数形にはならない

解答例

解答が25語〜35語になっているか見直す

I like fruit juice better than coffee.

First, I think that it is healthier.

Second, I really like fruit, and I eat bananas or apples every day.

(27語)

別解

1文目
- betterはmoreでもよい。
- like 〜 better than ... はprefer 〜 to ... に置きかえることができる

I **like** fruit juice **better than** coffee.
↓
I like fruit juice **more** than coffee.
I **prefer** fruit juice **to** coffee.

2文目
- thatは省略することができる。

First, I think **that** it is healthier.
↓
First, I think it is healthier.

3文目
- really likeはloveに置きかえることができる。
- eatはhaveに置きかえることができる。
- andをbecauseに置きかえることができる（前後の文は逆になる）。

Second, I **really like** fruit, **and** I **eat** bananas or apples every day.
↓ ↙
Second, I **love** fruit, and I **have** bananas or apples every day.
Second, I eat bananas or apples every day **because** I really like fruit.

意味順メソッドで練習問題を解く

英作文問題 2

解法 1 日本語の問題文を確認しよう！

時間の目安 1分/13

ライティング（英作文）

- あなたは，外国人の友達から以下の QUESTION をされました。
- QUESTION について，あなたの考えとその理由を 2 つ英文で書きなさい。
- 語数の目安は 25 語〜 35 語です。
- 解答は，右の英作文解答欄に書きなさい。
  なお，解答欄の外に書かれたものは採点されません。
- 解答が QUESTION に対応していないと判断された場合は，<u>0 点と採点されること</u>があります。QUESTION をよく読んでから答えてください。

QUESTION
Where do you like to study?

MEMO

94

解法 2　質問の内容を把握しよう!

Where	**do you like**	**to study** ?
どこで	あなたは好きか	勉強するのが(ことが)

> 日本語訳　あなたはどこで勉強するのが好きですか。

解法 3　日本語で解答を考えよう!

解答を作るためのメモをとる。

☑ **質問**

> Where do you like to study?

（あなたはどこで勉強するのが好きですか。）

☑ **解答のポイント**　① 自分の意見を述べる
　　　　　　　　　　② ①の意見の理由を2つ述べる

MEMO

- 意見 → 私は家で勉強するのが好き
- 理由1 → 自分の部屋に大きな机があるから
- 理由2 → リラックスできるし、台所から食べ物をとることができるから

	だれが	する（です）	だれ・なに	どこ	いつ
日					
英					

解法 4　3ステップで解答を作ろう！

時間の目安 8分/13

ステップ 1　MEMOに「意味順ボックス」を書き、上の段に日本語を並べる。

質問　Where do you like to study?

質問の和訳	あなたは ▼	どこで ▼	勉強するのが ▼	好きですか ▼
解答	私は	家で	勉強するのが	好きです

意見　私は家で勉強するのが好きです。

	だれが	する（です）	だれ・なに	どこ	いつ
日	私は	好きです	勉強するのが	家で	―
英					

理由1　第1に、私は自分の部屋に大きな机を持っています。

	たまてばこ	だれが	する（です）	だれ・なに	どこ	いつ
日	第1に、	私は	持っています	大きな机を	自分の部屋に	―
英						

理由2　第2に、（私は）リラックスできるし、台所から食べ物をとることができます。

	たまてばこ	だれが	する（です）	だれ・なに	どこ	いつ
日	第2に、	私は	リラックスできる	―	―	―
英						
日	（〜だ）し	（私は）	とることができます	食べ物を	台所から	―
英						

ヒント　「リラックスできる」と「台所から食べ物をとることができる」の2つの文は、接続詞「そして」でつなぐ

ステップ 2 「意味順ボックス」の日本語の下に英語を並べる。

意見 私は家で勉強するのが好きです。

	だれが	する（です）	だれ・なに	どこ	いつ
(日)	私は	好きです	勉強するのが	家で	—
(英)					

理由1 第1に、私は自分の部屋に大きな机を持っています。

	たまてばこ	だれが	する（です）	だれ・なに	どこ	いつ
(日)	第1に、	私は	持っています	大きな机を	自分の部屋に	—
(英)						

ヒント 「大きな」= large または big
ヒント 「自分の部屋」→「私の部屋」

理由2 第2に、（私は）リラックスできるし、台所から食べ物をとることができます。

ヒント 「リラックス」= relax

	たまてばこ	だれが	する（です）	だれ・なに	どこ	いつ
(日)	第2に、	私は	リラックスできる	—	—	—
(英)						
(日)	（〜だ）し	（私は）	とることができます	食べ物を	台所から	—
(英)						

ヒント 「取る」= get
ヒント 「食べ物」= food
ヒント 「台所」= kitchen

ステップ 3 解答を見直す。

見直しポイント
- ☑ 内容：質問に適切に答えているか。
- ☑ 語彙：スペルにミスはないか。
- ☑ 文法：「だれが」（主語）はあるか。
  時制や冠詞、3単現のs、単数・複数などを確認したか。

意見 私は家で勉強するのが好きです。

	だれが	する（です）	だれ・なに	どこ	いつ
日	私は	好きです	勉強するのが	家で	—
英	I	like	to study	at home.	—

理由1 第1に、私は自分の部屋に大きな机を持っています。

	たまてばこ	だれが	する（です）	だれ・なに	どこ	いつ
日	第1に、	私は	持っています	大きな机を	自分の部屋に	—
英	First,	I	have	a large[big] desk	in my room.	—

ポイント 冠詞aを忘れないように

理由2 第2に、（私は）リラックスできるし、台所から食べ物をとることができます。

	たまてばこ	だれが	する（です）	だれ・なに	どこ	いつ
日	第2に、	私は	リラックスできる	—	—	—
英	Second,	I	can relax,	—	—	—
日	(〜だ)し	(私は)	とることができます	食べ物を	台所から	—
英	and	I	can get	some food	from the kitchen.	—

ポイント 「食べ物」全体を指す場合は、foodは複数形にならない

98

解答例

解答が25語〜35語になっているか見直す

> I like to study at home.
> First, I have a large desk in my room.
> Second, I can relax, and I can get some food from the kitchen.
>
> (28語)

別解

1文目 ☑ to study は studying でもよい。

> I like **to study** at home.
> ↓
> I like **studying** at home.

2文目 ☑ 「私は自分の部屋に大きな机を持っています」は「私の部屋には大きな机があります」という文に置きかえることができる。

> First, **I have** a large[big] desk in my room.
> ↓
> First, **there is** a large[big] desk in my room.

3文目 ☑ I can が2か所あるので、2段目の I can は省略できる（その場合、and の前のコンマは不要）

> Second, I can relax, and <u>I can</u> get some food from the kitchen.
> ↓
> Second, I can relax and ☐ get some food from the kitchen.

しっかり理解しよう！　ふつう複数形にならない名詞

food「食べ物」のように複数形にならない名詞には、以下のようなものがあります。

液体・物質	water「水」　milk「牛乳」　coffee「コーヒー」　tea「お茶」 oil「油」　sugar「砂糖」　salt「塩」
自然・環境	air「空気」　weather「天気」　electricity「電気」　fire「火」　ice「氷」
抽象的なもの	love「愛」　happiness「幸福」　advice「助言」　information「情報」
その他	homework「宿題」　furniture「家具」　baggage「荷物」

意味順メソッドで練習問題を解く

英作文問題 3

解法 1　日本語の問題文を確認しよう！

ライティング（英作文）

- あなたは，外国人の友達から以下の QUESTION をされました。
- QUESTION について，あなたの考えとその理由を 2 つ英文で書きなさい。
- 語数の目安は 25 語〜 35 語です。
- 解答は，右の英作文解答欄に書きなさい。
  なお，解答欄の外に書かれたものは採点されません。
- 解答が QUESTION に対応していないと判断された場合は，0 点と採点されることがあります。QUESTION をよく読んでから答えてください。

QUESTION

Where do you often meet your friends on weekends?

MEMO

解法 2 質問の内容を把握しよう！

Where	*do you*	*often*	*meet*	*your friends*	*on weekends?*
どこで	あなたは〜か	よく	会う	あなたの友達	週末に

> 日本語訳　あなたは週末、どこでよく友達と会いますか。

解法 3 日本語で解答を考えよう！

解答を作るためのメモをとる。

✅ **質問**

> Where do you often meet your friends on weekends?

（あなたは週末、どこで友達とよく会いますか。）

✅ **解答のポイント**　① 自分の意見を述べる
　　　　　　　　　　② ①の意見の理由を2つ述べる

MEMO

- 意見 → 週末はよくショッピングモールで友達と会う
- 理由1 → 家から近いので歩いて行くことができる
- 理由2 → ショッピングや映画鑑賞など、楽しめることがたくさんある

	だれが	する（です）	だれ・なに	どこ	いつ
日					
英					

解法 4　3ステップで解答を作ろう！

時間の目安 8分/13

ステップ 1　MEMOに「意味順ボックス」を書き、上の段に日本語を並べる。

質問 Where do you often meet your friends on weekends?

質問の和訳	あなたは	週末、	どこで	友達と	よく会いますか
解答	私は	週末は	ショッピングモールで	友達と	よく会います

意見 私は週末、ショッピングモールで友達とよく会います。

	だれが	する（です）	だれ・なに	どこ	いつ
（日）	私は	よく会います	友達と	ショッピングモールで	週末
（英）					

ヒント「よく」は「する（です）」ボックスに入れる

理由1 第1に、それは私の家の近くにあります、それで私はそこへ歩いていくことができます。

たまてばこ	だれが	する（です）	だれ・なに	どこ	いつ
第1に、	それは	ある	ー	私の家に近くに	ー
（英）					
それで	私は	歩いていくことができます	ー	そこへ	ー
（英）					

ヒント「それは私の家の近くにある」と「私はそこへ歩いて行ける」の2つの文に分けて考える

理由2 第2に、そこにはショッピングや映画鑑賞など、楽しめるたくさんのことがあります。

こう考えよう！ 第2に、そこには例えばショッピングや映画鑑賞など楽しめるたくさんのことがあります。

たまてばこ	だれが	する（です）	だれ・なに	どこ	いつ
第2に、		〜があります	例えばショッピングや映画鑑賞など楽しめるたくさんのこと	そこには	ー
（英）					

ステップ 2 「意味順ボックス」の日本語の下に英語を並べる。

意見 私は週末、ショッピングモールで友達とよく会います。

	だれが	する（です）	だれ・なに	どこ	いつ
（日）	私は	よく会います	友達と	ショッピングモールで	週末
（英）					

- ヒント 「よく」= often
- ヒント 「週末は」= on weekends

理由1 第1に、それは私の家の近くにあります、それで私はそこへ歩いていくことができます。

	たまてばこ	だれが	する（です）	だれ・なに	どこ	いつ
（日）	第1に、	それは	ある	―	私の家に近くに	―
（英）						
（日）	それで	私は	歩いていくことができます	―	そこへ	―
（英）						

- ヒント 読点（,）で文を分けて、2つの文を「それで」でつなぐ

理由2 第2に、そこには例えばショッピングや映画鑑賞など楽しめるたくさんのことがあります。

	たまてばこ	だれが	する（です）	だれ・なに	どこ	いつ
（日）	第2に、		～があります	例えばショッピングや映画鑑賞など楽しめるたくさんのこと	そこには	―
（英）						

- ヒント 「(場所に) ～がある」= There is/are （＋場所）
- ヒント 「楽しめるたくさんのこと」→「楽しむことができるたくさんの活動」= many activities to enjoy と考える

ステップ 3 解答を見直す。

見直しポイント
- ☑ 内容：質問に適切に答えているか。
- ☑ 語彙：スペルにミスはないか。
- ☑ 文法：「だれが」（主語）はあるか。
時制や冠詞、3単現のs、単数・複数などを確認したか。

【意見】私は週末、ショッピングモールで友達とよく会います。

	だれが	する（です）	だれ・なに	どこ	いつ
日	私は	よく会います	友達と	ショッピングモールで	週末は
英	I	often meet	my friends	at the mall	on weekends.

ポイント 習慣なのでweekendにsを付ける

【理由1】第1に、それは私の家の近くにあります、それで私はそこへ歩いていくことができます。

ヒント houseにmyを付けるのを忘れずに！

たまてばこ	だれが	する（です）	だれ・なに	どこ	いつ
日 第1に、	それは	ある	ー	私の家に近くに	ー
英 First,	it	is	ー	near my house,	ー
それで	私は	歩いていくことができます	ー	そこへ	ー
英 so	I	can walk	ー	there.	ー

【理由2】第2に、そこには例えばショッピングや映画鑑賞など楽しめるたくさんのことがあります。

たまてばこ	だれが	する（です）	だれ・なに	どこ	いつ
日 第2に、		～があります	例えばショッピングや映画鑑賞など楽しめるたくさんのこと	そこには	ー
英 Second,	there	are	many activities to enjoy, such as shopping and watching movies,	there.	ー

ポイント「たくさんのこと」とあるのでbe動詞はare

解答例　　　　　　　　　　　　　　　　　　解答が25語〜35語になっているか見直す

> I often meet my friends at the mall on weekends.
> First, it is near my house, so I can walk there.
> Second, there are many activities to enjoy, such as shopping and watching movies, there.　　　　　　　　　　　　　　　　　　　(35語)

別解

1文目　☑ often は usually でもよい。
　　　☑ meet は see でもよい。
　　　☑ on weekends は文頭に持ってきてもよい。

> I **often meet** my friends at the mall **on weekends**.
> ↓
> I **usually see** my friends at the mall on weekends.
> **On weekends**, I often meet my friends at the mall.

2文目　☑ near は close to でもよい。
　　　☑ I can walk there は I can get there on foot でもよい。

> First, it is **near** my house, so **I can walk there.**
> ↓
> First, it is **close to** my house, so I can walk there.
> First, it is near my house, so **I can get there on foot**.

3文目　☑ there are many activities to enjoy は、we can enjoy many activities でもよい。

> Second, **there are many activities to enjoy**, such as shopping and watching movies, there.
> ↓
> Second, **we can enjoy many activities**, such as shopping and watching movies, there.

意味順メソッドで練習問題を解く

英作文問題 4

解法 1 日本語の問題文を確認しよう！

時間の目安 1分/13

ライティング（英作文）

- あなたは，外国人の友達から以下の QUESTION をされました。
- QUESTION について，あなたの考えとその理由を2つ英文で書きなさい。
- 語数の目安は 25 語〜 35 語です。
- 解答は，右の英作文解答欄に書きなさい。
  なお，解答欄の外に書かれたものは採点されません。
- 解答が QUESTION に対応していないと判断された場合は，<u>0点と採点されること</u>があります。QUESTION をよく読んでから答えてください。

QUESTION

Do you want to visit a foreign country in the future?

MEMO

106

解法 2　質問の内容を把握しよう！

<u>Do you</u>　　<u>want to visit</u>　　<u>a foreign country</u>　　<u>in the future?</u>
あなたは〜か　　訪れたい　　　　　外国　　　　　　　　将来

> **日本語訳**　あなたは将来、外国を訪れたいですか。

解法 3　日本語で解答を考えよう！

解答を作るためのメモをとる。

☑ **質問**

> Do you want to visit a foreign country in the future?

（あなたは将来、外国を訪れたいですか。）

☑ **解答のポイント**　① 自分の意見を述べる
　　　　　　　　　　② ①の意見の理由を2つ述べる

MEMO

- 意見 → 将来、外国へ行きたい
- 理由1 → より自然で実生活に近い状況で英語を使うことができる
- 理由2 → 異文化を体験したい

	だれが	する（です）	だれ・なに	どこ	いつ
日					
英					

107

解法 4 3ステップで解答を作ろう！

時間の目安 8分/13

ステップ 1 MEMOに「意味順ボックス」を書き、上の段に日本語を並べる。

質問 Do you want to visit a foreign country in the future?

質問の和訳: あなたは ▼　将来 ▼　外国を訪れたいですか ▼

解答: はい。　私は　将来　外国を訪れたいです

意見 はい。私は将来、外国を訪れたいです。

たまてばこ	だれが	する（です）	だれ・なに	どこ	いつ
（日）はい	私は	訪れたいです	外国を	—	将来
（英）					

理由1 第1に、私はより自然で実生活に近い状況で英語を使うことができます。

たまてばこ	だれが	する（です）	だれ・なに	どこ	いつ
（日）第1に、	私は	使うことができます	英語を	より自然で実生活に近い状況で	
（英）					

理由2 第2に、私は異文化体験をしたいです。

たまてばこ	だれが	する（です）	だれ・なに	どこ	いつ
（日）第2に、	私は	体験をしたいです	異文化	—	—
（英）					

ステップ 2 「意味順ボックス」の日本語の下に英語を並べる。

意見 はい。私は将来、外国を訪れたいです。

たまてばこ	だれが	する（です）	だれ・なに	どこ	いつ
（日）はい	私は	訪れたいです	外国を	—	将来
（英）					

ヒント 「外国」= a foreign country

理由1 第1に、私はより自然で実生活に近い状況で英語を使うことができます。

たまてばこ	だれが	する（です）	だれ・なに	どこ	いつ
（日）第1に、	私は	使うことができます	英語を	より自然で実生活に近い状況で	
（英）					

ヒント 「より自然な」= more natural／「実生活に近い状況」= real-life situations

理由2 第2に、私は異文化体験をしたいです。

たまてばこ	だれが	する（です）	だれ・なに	どこ	いつ
（日）第2に、	私は	体験をしたいです	異文化	—	—
（英）					

ヒント 「〜を体験する」= experience　　ヒント 「異文化」= different cultures

ステップ 3 解答を見直す。

見直しポイント
- ☑ 内容：質問に適切に答えているか。
- ☑ 語彙：スペルにミスはないか。
- ☑ 文法：「だれが」（主語）はあるか。
  時制や冠詞、3単現のs、単数・複数などを確認したか。

意見 はい。私は将来、外国を訪れたいです。

	たまてばこ	だれが	する（です）	だれ・なに	どこ	いつ
日	はい	私は	訪れたいです	外国を	—	将来
英	Yes.	I	want to visit	a foreign country	—	in the future.

ポイント 特定の国ではないので country には the ではなく a を付ける

理由1 第1に、私はより自然で実生活に近い状況で英語を使うことができます。

	たまてばこ	だれが	する（です）	だれ・なに	どこ	いつ
日	第1に、	私は	使うことができます	英語を	より自然で実生活に近い状況で	—
英	First,	I	can use	English	in more natural and real-life situations.	—

ポイント situation「状況」には複数形のsが必要

理由2 第2に、私は異文化体験をしたいです。

	たまてばこ	だれが	する（です）	だれ・なに	どこ	いつ
日	第2に、	私は	体験をしたいです	異文化	—	—
英	Second,	I	want to experience	different cultures.	—	—

ポイント 「さまざまな文化」を指しているので culture には s を付ける

解答例

解答が25語〜35語になっているか見直す

> Yes. I want to visit a foreign country in the future.
> First, I can use English in more natural and real-life situations.
> Second, I want to experience different cultures. （29語）

別解

1文目 want toはwould like toでもよい。

 a foreign countryはoverseasやabroadでもよい。ただし、toは不要。

> I **want to** go to **a foreign country** in the future.
> ↓
> I **would like to** go to a foreign country in the future.
> I want to go **overseas** in the future. / I want to go **abroad** in the future.

3文目 want toはwould like toでもよい。

> Second, I **want to** experience different cultures.
> ↓
> Second, I **would like to** experience different cultures.

しっかり理解しよう！ want toとwould like toの違いを確認しよう！

英語で「〜したい」と言うとき、want toとwould like toの2つの表現があります。どちらも「〜したい」という意味ですが、使い方に違いがあります。

① **want toは直接的な表現でぶしつけに聞こえる**

want toは、友達や家族との会話でよく使います。

I want to have a hamburger.（ハンバーガーが食べたい！）

② **would like toは丁寧な表現**

would like toは、先生や目上の人と話すときなどに使います。ショッピングやビジネスなどの場面でもよく使われます。

I would like to have a hamburger.（ハンバーガーをお願いします。）

それぞれの違いを理解して、使い分けましょう。

意味順メソッドで練習問題を解く

英作文問題 5

解法 1 日本語の問題文を確認しよう！

ライティング（英作文）

- あなたは，外国人の友達から以下の QUESTION をされました。
- QUESTION について，あなたの考えとその理由を 2 つ英文で書きなさい。
- 語数の目安は 25 語～ 35 語です。
- 解答は，右の英作文解答欄に書きなさい。
  なお，解答欄の外に書かれたものは採点されません。
- 解答が QUESTION に対応していないと判断された場合は，<u>0 点と採点されること</u>があります。QUESTION をよく読んでから答えてください。

QUESTION
What do you usually do after school?

MEMO

112

解法 2 質問の内容を把握しよう！

<u>What</u>　<u>do you</u>　<u>usually</u>　<u>do</u>　<u>after school?</u>
　何　　あなた〜か　　ふだん　　します　　放課後に

> **日本語訳** あなたはふだん放課後に何をしますか。

解法 3 日本語で解答を考えよう！

解答を作るためのメモをとる。

☑ **質問**

> What do you usually do after school?

（あなたはふだん放課後に何をしますか。）

☑ **解答のポイント**　① 自分の意見を述べる
　　　　　　　　　　② ①の意見の理由を2つ述べる

MEMO

- 意見 → ふだん放課後は家でテレビゲームをする
- 理由1 → 弟とゲームをして楽しむ
- 理由2 → 学校で一生懸命勉強した後はくつろぎたい

	だれが	する（です）	だれ・なに	どこ	いつ
日					
英					

解法 4　3ステップで解答を作ろう！

時間の目安 8分／13

ステップ 1　MEMOに「意味順ボックス」を書き、上の段に日本語を並べる。

質問　What do you usually do after school?

質問の和訳：あなたは ▼　ふだん ▼　放課後に ▼　　　　　　　　何をしますか ▼

解答：私は　ふだん　放課後に　家で　テレビゲームをします

意見　私はふだん放課後に家でテレビゲームをします。

	だれが	する（です）	だれ・なに	どこ	いつ
(日)	私は	ふだん〜します	テレビゲームを	家で	放課後に
(英)					

理由1　第1に、私は弟とゲームをして楽しみます。

	たまてばこ	だれが	する（です）	だれ・なに	どこ	いつ
(日)	第1に、	私は	楽しみます	弟と ゲームをして	―	―
(英)						

理由2　第2に、私は学校で一生懸命勉強した後はくつろぎたいです。

	たまてばこ	だれが	する（です）	だれ・なに	どこ	いつ
(日)	第2に、	私は	くつろぎたいです	―	―	―
(英)						
(日)	〜（の）後は	（私は）	勉強した	一生懸命	学校で	―
(英)						

ステップ 2 「意味順ボックス」の日本語の下に英語を並べる。

意見 私はふだん放課後に家でテレビゲームをします。

	だれが	する（です）	だれ・なに	どこ	いつ
日	私は	ふだん〜します	テレビゲームを	家で	放課後に
英					

ヒント 「（ゲームなどを）する」= play
ヒント 「テレビゲーム」= video games

理由1 第1に、私は弟とゲームをして楽しみます。

	たまてばこ	だれが	する（です）	だれ・なに	どこ	いつ
日	第1に、	私は	楽しみます	弟と ゲームをして	—	—
英						

ヒント 「〜して楽しむ」= enjoy 〜ing

理由2 第2に、私は学校で一生懸命勉強した後はくつろぎたいです。

ヒント 「くつろぐ」= relax

	たまてばこ	だれが	する（です）	だれ・なに	どこ	いつ
日	第2に、	私は	くつろぎたいです	—	—	—
英						
日	〜（の）後は	(私は)	勉強した	一生懸命	学校で	—
英						

ヒント 「一生懸命」= hard

Part 2

115

ステップ 3 解答を見直す。

見直しポイント
- ☑ 内容：質問に適切に答えているか。
- ☑ 語彙：スペルにミスはないか。
- ☑ 文法：「だれが」（主語）はあるか。
  時制や冠詞、3単現のs、単数・複数などを確認したか。

意見 私はふだん放課後に家でテレビゲームをします。

	だれが	する（です）	だれ・なに	どこ	いつ
日	私は	ふだん〜します	テレビゲームを	家で	放課後に
英	I	usually play	video games	at home	after school.

ポイント video gameに複数形のsを付けるのを忘れずに

理由1 第1に、私は弟とゲームをして楽しみます。

	たまてばこ	だれが	する（です）	だれ・なに	どこ	いつ
日	第1に、	私は	楽しみます	弟と ゲームをして	―	―
英	First,	I	enjoy	playing games with my brother.	―	―

ポイント brotherにmyを付けるのを忘れずに

理由2 第2に、私は学校で一生懸命勉強した後はくつろぎたいです。

	たまてばこ	だれが	する（です）	だれ・なに	どこ	いつ
日	第2に、	私は	くつろぎたいです	―	―	―
英	Second,	I	want to relax	―	―	―
日	〜(の)後は	(私は)	勉強した	一生懸命	学校で	―
英	after	I	study	hard	at school.	―

解答例 　　　　　　　　　　　　　　　解答が25語〜35語になっているか見直す

> I usually play video games at home after school.
> First, I enjoy playing games with my brother.
> Second, I want to relax after I study hard at school. (28語)

 別解

1文目　☑ ここではusuallyはoftenでもよい。

> I **usually** play video games at home after school.
> ↓
> I **often** play video games at home after school.

3文目　☑ relax「くつろぐ」はtake a break「休憩する」と表現することもできる。

> Second, I want to **relax** after I study hard at school.
> ↓
> Second, I want to **take a break** after I study hard at school.

しっかり理解しよう！ **with の使い方**

「with」は、英語で非常に多く使われる前置詞で、主に以下のような役割を果たします。

①一緒であることを示す（〜とともに）
　I went to the park with my friends.「私は友達と公園に行きました」

②手段を示す（〜で）
　She wrote the letter with a pen.「彼女はペンで手紙を書きました」

③賛成・反対を示す
　He agrees with me.「彼は私と同じ意見です」

④慣用的な表現（〜について）
　What is the matter with you?「（あなたについて）どうしましたか」

それぞれの違いを理解して、使い分けましょう。

117

これを覚えておくとテストで役立つ！便利な単語

対象レベルが中学卒業程度とされる英検3級のライティングでは、自分の意見や考えを正しく適切に表現できるかどうかが問われます。あえて難しい単語や表現を使おうとせず、「正確さ・適切さ」を最優先しましょう。できれば中学校の教科書レベルの語句は確認しておきましょう。

例えば、過去問題に出題されたなかでも、次のような語句は役立ちます。

(1)「する(です)」を表す動詞

enjoy + モノ・コト　　「モノ・コトを楽しむ」
　　　　　　　　　　　　enjoy ～ing「～することを楽しむ」「～して楽しむ」

like　　　　　　　　　「気に入る」「好きだ」
　　　　　　　　　　　　want to ～（would like to～）「～したいです」

なお、次のような頻度を表す語も、上記の動詞と一緒に用いられます。

頻度	英語	和訳
100%	always	「いつも」
80%	usually	「たいてい」
65～70%	often	「しばしば」
50%	sometimes	「ときどき」
3～4%	rarely	「めったに～ない」
0%	never	「けっして～ない」

※%は目安

(2)「どこ」(場所)を表す前置詞

at　　　「～で」　　　　　　　　例 at the bus stop「バス停で」
on　　　「～の上[表面]に」　　　例 on the wall「壁(の表面)に」
in　　　「～の中に[で, の]」　　 例 in this town「この町(の中)で」
along　 「～に沿って」　　　　　例 along the street「通りに沿って」
across　「～を渡って」　　　　　例 across the street「道路を渡って」

(3)「いつ」(時)を表す前置詞

at　　　「(～時)に」　　　　　　　例 at seven「7時に」
on　　　「～に、～のときに」　　　例 on summer holiday「夏休みに」
during　「(特定の期間)～の間」　　例 during the winter vacation「冬休みの間」
for　　 「～の間」　　　　　　　　例 for ten days「10日間」
since　 「～以来」　　　　　　　　例 since 2020「2020年から」

Part 3

模擬テスト

さあ、最後の仕上げ。合格へのラストスパート！
「意味順メソッド」を使って、自分の力で解いてみよう！

模擬テスト 第1回

▶解答は 132・133 ページ

1 ライティング（Eメール）

- あなたは，外国人の友達（Nancy）から以下のEメールを受け取りました。Eメールを読み，それに対する返信メールを，☐に英文で書きなさい。
- あなたが書く返信メールの中で，友達（Nancy）からの2つの質問（下線部）に対応する内容を，あなた自身で自由に考えて答えなさい。
- あなたが書く返信メールの中で☐に書く英文の語数の目安は，15語〜25語です。
- 解答は，右のEメール解答欄に書きなさい。なお，解答欄の外に書かれたものは採点されません。
- 解答が友達（Nancy）のEメールに対応していないと判断された場合は，0点と採点されることがあります。友達（Nancy）のEメールの内容をよく読んでから答えてください。
- ☐の下の **Best wishes,** の後にあなたの名前を書く必要はありません。

Hi,

Thank you for your e-mail.

I heard that you went to the new library in your city. I have a few questions for you. <u>How many books did you borrow from the library?</u> <u>And how long did you stay there?</u>

Your friend,

Nancy

Hi, Nancy!

Thank you for your e-mail.

> 解答は，右のEメール解答欄に書きなさい。
> なお，解答欄の外に書かれたものは採点されません。

Best wishes,

MEMO

- 図書館で借りた本の冊数 → **3冊**
- 図書館での滞在時間 → **約5時間**
- コメント（感想） → **そこにはたくさんの興味深い本があった。**

模擬試験第1回　解答用紙

・太枠の外に書かれたものは採点されません。
・解答が質問に対応していない場合，0点と採点される可能性があります。
・語数の目安は15語〜25語です。

Eメール解答欄

2 ライティング（英作文）

- あなたは，外国人の友達から以下の QUESTION をされました。
- QUESTION について，あなたの考えとその理由を 2 つ英文で書きなさい。
- 語数の目安は 25 語〜 35 語です。
- 解答は，右の英作文解答欄に書きなさい。
  なお，解答欄の外に書かれたものは採点されません。
- 解答が QUESTION に対応していないと判断された場合は，0 点と採点されることがあります。QUESTION をよく読んでから答えてください。

QUESTION

Where would you like to go on your next holiday?

MEMO

- 意見 → 京都に行きたい
- 理由1 → 京都には美しいお寺や庭園がたくさんあるから
- 理由2 → 京都の豊かな伝統文化を体験したいから

模擬試験第 1 回　解答用紙

・太枠の外に書かれたものは採点されません。
・解答が質問に対応していない場合，0点と採点される可能性があります。
・語数の目安は 25 語～ 35 語です。

英作文解答欄

模擬テスト 第2回

▶解答は 134・135 ページ

1 ライティング（Eメール）

- あなたは，外国人の友達（John）から以下のEメールを受け取りました。Eメールを読み，それに対する返信メールを，☐ に英文で書きなさい。
- あなたが書く返信メールの中で，友達（John）からの2つの質問（下線部）に対応する内容を，あなた自身で自由に考えて答えなさい。
- あなたが書く返信メールの中で ☐ に書く英文の語数の目安は，15語〜25語です。
- 解答は，右のEメール解答欄に書きなさい。なお，解答欄の外に書かれたものは採点されません。
- 解答が友達（John）のEメールに対応していないと判断された場合は，0点と採点されることがあります。友達（John）のEメールの内容をよく読んでから答えてください。
- ☐ の下の **Best wishes,** の後にあなたの名前を書く必要はありません。

Hi,

How are you?

I know you like animals. I have a few questions for you. <u>What animals do you like?</u> And <u>do you have any pets?</u>

Talk to you soon,

John

Hi, John!

Thank you for your e-mail.

> 解答は，右のEメール解答欄に書きなさい。
> なお，解答欄の外に書かれたものは採点されません。

Best wishes,

MEMO

- 好きな動物は何か → **ライオンとトラ**
- コメント（感想） → **しかし、家ではこれらの動物を飼うことができない**
- ペットを飼っているか → **2匹の犬と3匹のねこを飼っている**

模擬試験第 2 回　解答用紙

- 太枠の外に書かれたものは採点されません。
- 解答が質問に対応していない場合，0 点と採点される可能性があります。
- 語数の目安は 15 語～ 25 語です。

Eメール解答欄

模擬テスト 第2回

2 ライティング（英作文）

- あなたは，外国人の友達から以下の QUESTION をされました。
- QUESTION について，あなたの考えとその理由を2つ英文で書きなさい。
- 語数の目安は25語〜35語です。
- 解答は，右の英作文解答欄に書きなさい。
  なお，解答欄の外に書かれたものは採点されません。
- 解答が QUESTION に対応していないと判断された場合は，0点と採点されることがあります。QUESTION をよく読んでから答えてください。

QUESTION

Do you want to learn another foreign language besides English?

MEMO

- 意見 → スペイン語を学びたい
- 理由1 → スペイン語は多くの国で話されていて役に立つから
- 理由2 → そのような場所を訪れて、現地の人々とコミュニケーションをとりたいから

模擬試験第2回　解答用紙

- 太枠の外に書かれたものは採点されません。
- 解答が質問に対応していない場合，0点と採点される可能性があります。
- 語数の目安は25語〜35語です。

英作文解答欄

模擬テスト 第3回

▶解答は 136・137 ページ

1 ライティング（Eメール）

- あなたは，外国人の友達（Sue）から以下のEメールを受け取りました。Eメールを読み，それに対する返信メールを，☐ に英文で書きなさい。
- あなたが書く返信メールの中で，友達（Sue）からの2つの質問（下線部）に対応する内容を，あなた自身で自由に考えて答えなさい。
- あなたが書く返信メールの中で ☐ に書く英文の語数の目安は，15語〜25語です。
- 解答は，右のEメール解答欄に書きなさい。なお，解答欄の外に書かれたものは採点されません。
- 解答が友達（Sue）のEメールに対応していないと判断された場合は，**0点と採点**されることがあります。友達（Sue）のEメールの内容をよく読んでから答えてください。
- ☐ の下の **Best wishes,** の後にあなたの名前を書く必要はありません。

Hi,

How are you doing?

I heard that you went to Tokyo during your summer vacation. <u>How did you like Tokyo?</u> <u>What did you do there?</u>

Talk to you soon,

Sue

Hi, Sue!

Thank you for your email.

> 解答は，右のEメール解答欄に書きなさい。
> なお，解答欄の外に書かれたものは採点されません。

Best wishes,

MEMO

- 東京の印象 → **本当に気に入った**
- コメント（感想） → **とても刺激的だった**
- 東京で何をしたか → **有名な美術館を訪れ，たくさんの美しい絵を見て楽しんだ**

模擬試験第3回　解答用紙

- 太枠の外に書かれたものは採点されません。
- 解答が質問に対応していない場合，0点と採点される可能性があります。
- 語数の目安は15語〜25語です。

Eメール解答欄

模擬テスト　第3回

2 ライティング（英作文）

- あなたは，外国人の友達から以下の QUESTION をされました。
- QUESTION について，あなたの考えとその理由を 2 つ英文で書きなさい。
- 語数の目安は 25 語〜 35 語です。
- 解答は，右の英作文解答欄に書きなさい。
  なお，解答欄の外に書かれたものは採点されません。
- 解答が QUESTION に対応していないと判断された場合は，0 点と採点されることがあります。QUESTION をよく読んでから答えてください。

QUESTION

Which do you like better, studying at home or in the library?

MEMO

- 意見　→　家で勉強するほうが好き
- 理由1　→　より快適だし、好きなときに休憩を取れるから
- 理由2　→　図書館に行くのに時間をかけたくないから

模擬試験第3回 解答用紙

- 太枠の外に書かれたものは採点されません。
- 解答が質問に対応していない場合，0点と採点される可能性があります。
- 語数の目安は25語〜35語です。

英作文解答欄

模擬テスト 第1回 解答　　120ページ解答(Eメール)

MEMOの内容
- 図書館で借りた本の冊数 → 3冊
- 図書館での滞在時間 → 約5時間
- コメント（感想） → そこにはたくさんの興味深い本があった。

1つ目の質問 How many books did you borrow from the library?
（あなたは図書館で何冊の本を借りましたか。）

解答 私は図書館から3冊の本を借りました。

	だれが	する（です）	だれ・なに	どこ	いつ
日	私は	借りました	3冊の本を	図書館から	―
英	I	borrowed	three books	from the library.	―

ポイント 「3冊」なのでbookを複数形にする

ポイント library「図書館」は数えられる名詞なのでtheやaが付く

2つ目の質問 And how long did you stay there?
（そして、あなたはどのくらいそこに滞在しましたか。）

解答 私はそこに約5時間滞在しました。

	だれが	する（です）	だれ・なに	どこ	いつ
日	私は	滞在しました	―	そこに	約5時間
英	I	stayed	―	there	for about five hours.

ポイント 期間（時間）の長さを表すときはforを使う

コメント（感想） そこにはたくさんの興味深い本がありました。

	だれが	する（です）	だれ・なに	どこ	いつ
日	～がありました		たくさんの興味深い本	そこには	―
英	There	were	many interesting books	there.	―

ポイント There is[are]「～がある」の過去形

これもOK a lot of

ポイント many「たくさんの」とあるのでbookはbooksとなる

解答例

I borrowed three books from the library.

I stayed there for about five hours.

There were many interesting books there. （20語）

122ページ解答（英作文）

質問 Where would you like to go on your next holiday?
（あなたは次の休みはどこに行きたいですか。）

MEMOの内容
- 意見 → 京都に行きたい
- 理由1 → 京都には美しいお寺や庭園がたくさんあるから
- 理由2 → 京都の豊かな伝統文化を体験したいから

意見 次の休みには、私は京都に行きたいです。

	だれが	する（です）	だれ・なに	どこ	いつ
日	私は	行きたいです	―	京都に	次の休みには
英	I	would like to go	―	to Kyoto	on my next holiday.

ポイント would like to「〜したいと思う」はwant toよりもていねいな表現

理由1 第1に、そこ（京都）には美しいお寺や庭園がたくさんあります。
こう考えよう！ 第1に、それは多くの美しいお寺や庭園を持っています。

たまてばこ	だれが	する（です）	だれ・なに	どこ	いつ
第1に、	それは	持っています	多くの美しいお寺や庭園	―	―
First,	it	has	many beautiful temples and gardens.	―	―

ポイント 前の文（意見）の述べた「Kyoto」はitに置きかえる
ポイント many「多くの」とあるので、temple「お寺」はtemples、garden「庭園」はgardensとする

理由2 第2に、私はその（京都の）豊かな伝統文化を体験したいです。

たまてばこ	だれが	する（です）	だれ・なに	どこ	いつ
第2に、	私は	体験したいです	その豊かな伝統文化を	―	―
Second,	I	would like to experience	its rich traditional culture.	―	―

ポイント 体験する = experience
ポイント 「その（京都の）」= its、「豊かな」= rich、「伝統文化」= traditional culture

解答例

I would like to go to Kyoto on my next holiday.
First, it has many beautiful temples and gardens.
Second, I would like to experience its rich traditional culture. **(29語)**

模擬テスト 第2回 解答　　124ページ解答(Eメール)

MEMOの内容
- 好きな動物は何か → ライオンとトラ
- コメント（感想） → しかし、家ではこれらの動物を飼うことができない
- ペットを飼っているか → 2匹の犬と3匹の猫を飼っている

1つ目の質問　What animals do you like?（あなたは何の動物が好きですか。）

解答　私はライオンとトラが好きです。

	だれが	する（です）	だれ・なに	どこ	いつ
(日)	私は	好きです	ライオンとトラが	―	―
(英)	I	like	lions and tigers.	―	―

ポイント　「〜が好きです」と言う場合、〈like + 名詞の複数形〉

コメント(感想)　でも、私は家でこれらの動物を飼うことはできません。

たまてばこ	だれが	する（です）	だれ・なに	どこ	いつ
(日) でも	私は	飼うことはできません	これらの動物を	家で	―
(英) But	I	cannot have	these animals	at home.	―

これもOK can't
ポイント these「これらの」とあるのでanimalsとなる

2つ目の質問　And do you have any pets?
（そして、あなたはペットを飼っていますか。）

解答　私は2匹の犬と3匹のねこを飼っています。

	だれが	する（です）	だれ・なに	どこ	いつ
(日)	私は	飼っています	2匹の犬と3匹のねこを	―	―
(英)	I	have	two dogs and three cats.	―	―

ポイント　「犬」も「ねこ」も2匹以上なので複数形にする

解答例

I like lions and tigers.
But I cannot have these animals at home.
I have two dogs and three cats.　**(20語)**

126ページ解答（英作文）

質問 Do you want to learn another foreign language besides English?
（あなたは英語のほかに別の外国語を学びたいですか。）

MEMOの内容
- 意見 → スペイン語を学びたい
- 理由1 → スペイン語は多くの国で話されていて役に立つから
- 理由2 → そのような場所を訪れて、現地の人々とコミュニケーションをとりたいから

意見 はい、私はスペイン語を学びたいです。

たまてばこ	だれが	する（です）	だれ・なに	どこ	いつ
日 はい、	私は	学びたいです	スペイン語を	—	—
英 Yes,	I	want to learn	Spanish.	—	—

理由1 第1に、それは多くの国で話されています、それで（それは）役に立ちます。

ポイント 「それは話されている」→ 受動態〈be動詞 + 過去分詞〉

たまてばこ	だれが	する（です）	だれ・なに	どこ	いつ
日 第1に、	それは	話されています	—	多くの国で	—
英 First,	it	is spoken	—	in many countries,	—
日 それで	（それは）	ます	役に立ち	—	—
英 so	it	is	useful.	—	—

ポイント 「理由」→「結果」を表す2つの文はsoでつなぐ

理由2 第2に、私はそのような場所を訪れ、（私は）そこの人々とコミュニケーションをとりたいです。

たまてばこ	だれが	する（です）	だれ・なに	どこ	いつ
日 第2に、	私は	訪れ（たい）	そのような場所を	—	—
英 Second,	I	want to visit	those places	—	—
日 （そして）	（私は）	コミュニケーションをとりたいです	そこの人々と	—	—
英 and	（I）	(want to) communicate	with people there.	—	—

ポイント 2回目のI want toは省略してもよい

解答例

Yes, I want to learn Spanish.

First, it is spoken in many countries, so it is useful.

Second, I want to visit those places and communicate with people there. （29語）

模擬テスト 第3回 解答　128ページ解答(Eメール)

MEMOの内容
- 東京の印象 → 本当に気に入った
- コメント → とても刺激的だった
- 東京で何をしたか → 有名な美術館を訪れ、たくさんの美しい絵を見て楽しんだ

1つ目の質問 How did you like Tokyo?（東京はどうでしたか。）

解答 私は東京が本当に気に入りました。

	だれが	する（です）	だれ・なに	どこ	いつ
(日)	私は	本当に気に入りました	東京が	—	—
(英)	I	really liked	Tokyo.	—	—

ポイント 「本当に気に入る」= really like
ポイント 地名の最初の文字は大文字に

コメント(感想) （それは=東京は）とても刺激的でした。

	だれが	する（です）	だれ・なに	どこ	いつ
(日)	（それは）	でした	とても刺激的	—	—
(英)	It	was	so exciting!	—	—

ポイント 前の文で「東京」の話題が出ているので、2文目以降はTokyoをitに置きかえる
これもOK very

2つ目の質問 What did you do there?（あなたはそこで何をしましたか。）

解答 私は有名な美術館を訪れ、そして、（私は）そこでたくさんの美しい絵画を見て楽しみました。

	たまてばこ	だれが	する（です）	だれ・なに	どこ	いつ
(日)	—	私は	〜を訪れ	有名な美術館	—	—
(英)	—	I	visited	a famous art museum	—	—
(日)	そして	（私は）	楽しみました	たくさんの美しい絵画を見て	そこで	—
(英)	and	（I）	enjoyed	looking at many beautiful pictures	there.	—

ポイント 2回目に出てくるIは省略してもよい
ポイント 「〜して楽しむ」= enjoy 〜ing

解答例

I really liked Tokyo.　It was so exciting!

I visited a famous art museum and enjoyed looking at many beautiful pictures there.

（22語）

130ページ解答(英作文)

質問 Which do you like better, studying at home or in the library?
（あなたは家で勉強するのと図書館で勉強するのとでは、どちらが好きですか。）

MEMOの内容
- 意見 → 家で勉強するほうが好き
- 理由1 → より快適だし、好きなときに休憩を取れるから
- 理由2 → 図書館に行くのに時間をかけたくないから

意見 私は家で勉強するほうが好きです。

	だれが	する（です）	だれ・なに	どこ	いつ
(日)	私は	好きです	家で勉強するほうが	―	―
(英)	I	like	studying at home better.	―	―

これもOK to study

理由1 第1に、それ（家）のほうがより快適で、私はいつでもたやすく休憩をとることができます。

ヒント 前半と後半で2つの文を分け、andで2つの文をつなぐ

ポイント 前の文の続きなので、「家」はitに置きかえる

たまてばこ	だれが	する（です）	だれ・なに	どこ	いつ
第1に、	それ(=家)	～で(す)	のほうがより快適	―	―
First,	it	is	more comfortable	―	―
(そして)	私は	たやすく とることができます	休憩を	―	いつでも
and	I	can easily take	breaks	―	at any time.

これもOK easilyはbreaksの後ろでもよい

ポイント 「休憩」は何度も取ることができるので複数形

理由2 第2に、私は図書館に行くことに時間をかけたくありません。

たまてばこ	だれが	する（です）	だれ・なに	どこ	いつ
第2に、	私は	～をかけたくありません	時間　図書館に行くことに	―	―
Second,	I	don't want to spend	time going to the library.	―	―

ポイント spend time「時間を使う」の後には動名詞（～ing）がくるのが一般的

解答例

I like studying at home better.

First, it is more comfortable and I can easily take breaks at any times.

Second, I don't want to spend time going to the library. **(31語)**

この本で学習した問題と解答パターンをまる覚えしよう！

Part 1　疑問文の答え方を徹底攻略

18～19ページ、30～31ページ

Lesson1　疑問文 Do you ～?

例題1

Do you play any sports?（あなたは何かスポーツをしますか。）
— Yes, I do. I usually play tennis on Fridays.
（はい、します。私はふだん金曜日にテニスをします。）
— No, I don't. But I like watching sports.
（いいえ、しません。でも、私はスポーツを観るのは好きです。）

例題2

Do you like karaoke?（あなたはカラオケが好きですか。）
— Yes, I do. I go to karaoke every week.
（はい、好きです。私は毎週カラオケに行きます。）
— No, I don't. I am not good at singing.
（いいえ、好きではありません。私は歌が得意ではありません。）

例題3

Do you want to go abroad?（あなたは外国に行きたいですか。）
— Yes, I do. I want to go to Canada next year.
（はい、行きたいです。私は来年カナダに行きたいです。）
— No, I don't. I cannot speak English.
（いいえ、行きたくありません。私は英語を話せません。）

例題4

Do you want to live in a big city?
（あなたは大都市に住みたいですか。）
— Yes, I do. It has many places to visit.
（はい、住みたいです。訪ねる場所がたくさんあるので。）
— No, I don't. It is too noisy.
（いいえ、住みたくありません。騒がしすぎます。）

20～21ページ、32～33ページ

Lesson2　疑問文 What ～?

例題1

What is your favorite color?（あなたの好きな色は何ですか。）
— My favorite color is yellow.（私の好きな色は黄色です。）

例題2

What do you usually do on Sundays?
（あなたは日曜日はたいてい何をしていますか。）
— I usually relax at home on Sundays.
（私は日曜日はたいてい家でくつろいでいます。）

例題3

What is the most famous Japanese dish?
（最も有名な日本食は何ですか。）
— The most famous Japanese dish is sushi.
（最も有名な日本食は寿司です。）

例題4

What kind of music do you like?
（あなたはどんな音楽が好きですか。）
— I like pop music.（私はポップミュージックが好きです。）

例題5

What can make you happy?
（何があなたを幸せにしてくれますか。）
— Listening to good music can always make me happy.（良い音楽を聴くことがいつも私を幸せにしてくれます。）

例題6

What sport do you like the most?
（あなたは何のスポーツが一番好きですか。）
— I like soccer the most.（私はサッカーが一番好きです。）

例題7

What would you like to have for lunch?
（あなたは昼食に何を食べたいですか。）
— I would like to have a hamburger.
（私はハンバーガーを食べたいです。）

例題8

What do you want to be in the future?
（あなたは将来は何になりたいですか。）
— I want to be an engineer in the future, because I like math.
（私は将来エンジニアになりたいです。なぜなら数学が好きだからです。）

22～23ページ、34～35ページ

Lesson3　疑問文 Which ～?

例題1

Which do you like better, dogs or cats?
（あなたは犬とねこ、どちらのほうが好きですか。）
— I like dogs better.（私は犬のほうが好きです。）

例題2

Which do you prefer, Chinese food or Italian food?
（あなたは中国料理とイタリア料理では、どちらのほうが好きですか。）
— I prefer Chinese food.（私は中国料理のほうが好きです。）

例題3

Which book do you want to read first?
（あなたはどちらの本を最初に読みたいですか。）
— I want to read this new comic book first.
（私はこの新しいマンガを最初に読みたいです。）

例題4

Which color do you like the most, red, blue, or green?（あなたは、赤、青、緑では、どの色が一番好きですか。）
— I like green the most.（私は緑色が一番好きです。）

例題5

Which country would you like to visit, France or Italy?
（あなたはフランスとイタリアとでは、どちらの国に行きたいですか。）
— I would like to go to France, because it has many beautiful beaches.（私はフランスに行きたいです。なぜならたくさんの美しいビーチがあるからです。）

例題6

Which do you prefer, summer vacation or winter vacation?（あなたは夏休みと冬休みでは、どちらのほうが好きですか。）
— I prefer summer vacation, because I can swim in the sea.（私は夏休みのほうが好きです。なぜなら海で泳ぐことができるからです。）

例題7

Which do you use more, a computer or a smartphone?（あなたはコンピューターとスマートフォンとでは、どちらをより多く使いますか。）
— I use my smartphone more because it is more convenient.（私はスマートフォンのほうをより多く使います。なぜならそれがより便利だからです。）

24〜25ページ、36〜37ページ

Lesson4　疑問文Where 〜?

例題1

Where do you usually park your bike?
（あなたは、ふだんどこに自転車を停めますか。）
— I usually park my bike behind the gym.
（私はふだんジムの裏に自転車を停めます。）

例題2

Where do you want to exercise?
（あなたはどこで運動したいですか。）
— I want to exercise in the park near my house.
（私は家の近くの公園で運動したいです。）

例題3

Where do you usually meet your friends?
（あなたは、ふだんどこで友達と会いますか。）
— I usually meet my friends at the station.
（私はふだん友達と駅で会います。）

例題4

Where would you like to have dinner tonight?
（今夜、あなたはどこで夕食をとりたいですか。）
— I would like to have dinner at a nice restaurant tonight.（今夜、私は素敵なレストランで夕食をとりたいです。）

例題5

Where are you going to play baseball next Sunday?（あなた次の日曜日、どこで野球をしますか。）
— I am going to play baseball at the field by the river next Sunday.
（私は次の日曜日に川のそばの球場で野球をする予定です。）

例題6

Where do you plan to live in the future?
（あなたは将来どこに住む予定ですか。）
— I plan to live in New York in the future.
（私は将来ニューヨークに住む予定です。）

例題7

Where did you go last weekend?
（あなたは、先週末どこに行きましたか。）
— I went to a festival in Nagoya last weekend.
（私は先週末、名古屋のフェスティバルに行きました。）

例題8

Where do you want to go on your next winter holiday?（あなたは次の冬休みはどこに行きたいですか。）
— I want to go to Hokkaido on my next winter holiday, because I can ski there every day.（私は次の冬休みには北海道に行きたいです。なぜならそこで毎日スキーができるからです。）

26〜27ページ、38〜39ページ

Lesson5　疑問文How 〜?

例題1

How do you usually go to the supermarket?
（あなたはふだんどうやってスーパーへ行きますか。）
— I usually ride my bike to the supermarket.
（私はふだん自転車でスーパーへ行きます。）

例題2

How many pets do you have at home?
（あなたは家で何匹のペットを飼っていますか。）
— I have three cats at home.
（私は家で3匹のねこを飼っています。）

例題3

How many hours do you study every day?
（あなたは毎日何時間勉強しますか。）
— I study for more than five hours every day.
（私は毎日5時間以上勉強します。）

例題4

How long did you stay at the party yesterday?
（あなたは昨日、パーティーにどのくらいいましたか。）
— I stayed at the party for about two hours.
（私はパーティーに約2時間いました。）

例題5

How long have you been learning English?
（あなたはどのくらいの期間、英語を学んでいますか。）
— I have been learning English since 2020.
（私は2020年から英語を学んでいます。）

例題6

How much money do you spend on snacks each week?（あなたは毎週おやつにいくら使いますか。）
— I spend about 800 yen on snacks each week.
（私は毎週おやつに800円くらい使います。）

例題7

How often do you clean your room?
（あなたはどのくらいの頻度であなたの部屋を掃除しますか。）
— I clean my room once a week.
（私は週に1度、私の部屋を掃除します。）

例題8

How often do you watch soccer games?
（あなたはどのくらいの頻度でサッカーの試合を観ますか。）
— I watch soccer games three times a year.
（私は年に3度サッカーの試合を観ます。）

28〜29ページ、40〜41ページ

Lesson 6　疑問文 When 〜? / Who 〜? / Why 〜?

例題1

When was your last school trip?
(あなたの最後の修学旅行はいつでしたか。)
— My last school trip was in August 2023.
(私の最後の修学旅行は2023年の8月でした。)

例題2

When are you going to visit your grandparents again?（あなたは、いつまた祖父母を訪ねる予定ですか。)
— I am going to visit my grandparents this weekend.（私は今週末に祖父母を訪ねる予定です。)

例題3

When did you finish your homework?
(あなたはいつ宿題を終えましたか。)
— I finished my homework last night.
(私は昨夜、宿題を終えました。)

例題4

When do you usually go to bed?
(あなたは、いつも何時に寝ますか。)
— I usually go to bed at ten.（私はたいてい10時に寝ます。)

例題5

Who joined your soccer team?
(あなたのサッカーチームに誰が参加しましたか。)
— My sister joined my soccer team.
(妹が私のサッカーチームに参加しました。)

例題6

Who do you talk to when you feel sad?
(あなたは悲しいとき誰に話しますか。)
— I usually talk to my best friend because he understands me well.（私はたいてい親友に話します。なぜなら彼は私をよく理解しているからです。)

例題7

Why do you study English?
(なぜ、あなたは英語を勉強しているのですか。)

— I study English because I want to go to Canada in the future.（私は将来カナダへ行きたいので、英語を勉強しています。)

42ページ

便利な表現〈it is 〜to …〉〈Ther is ○ + 場所〉

例題1

It is important to study English.（英語を学ぶことは重要です。)

例題2

It is difficult to swim in the river.（川で泳ぐことは難しいです。)

例題3

It was fun to play video games.
(テレビゲームをするのはおもしろかったです。)

例題4

There is a cat under the table.
(テーブルの下に1匹のねこがいます。)

例題5

There are three bikes in front of the post office.
(郵便局の前に3台の自転車があります。)

例題6

There was a big tree here 30 years ago.
(30年前、ここには大きな木がありました。)

43ページ

① It is fun to play soccer with friends.
(友達とサッカーをするのは楽しいです。)

② It is easy to answer this question.
(この質問に答えるのは簡単です。)

③ It is exciting to travel to new places.
(新しい場所へ旅行するのはわくわくします。)

④ There are five apples in the basket.
(かごの中に5つのりんごがあります。)

⑤ There is a big park near my house.
(私の家の近くに大きな公園があります。)

Part 2　英検3級形式の問題に挑戦!

音声DL 02

46〜51ページ

過去問題：2024年第1回テスト問題　Eメール問題

Hi,（こんにちは)
Thank you for your e-mail.（メールをありがとう。)
I heard that you went to the art museum in your town.（あなたは、あなたの町の美術館に行かれたそうですね。)
I have some questions for you.
(あなたにいくつか質問があります。)
How many pictures did you see at the art museum?（あなたは美術館で何点の絵画を見ましたか。)
And how long did you stay there?
(そして、あなたはどのくらいそこに滞在しましたか。)
Your friend, James
(あなたの友人のジェームズ)

Hi, James!（こんにちは、ジェームズ！)
Thank you for your e-mail.（メールをありがとう。)
I saw about thirty pictures there.
(私はそこで約30点の絵画を見ました。)
I stayed there for two hours.（私はそこに2時間滞在しました。)
I really enjoyed the art museum.
(私は美術館を本当に楽しみました。)
Best wishes,（お元気で)

52〜57ページ

過去問題：2024年第1回テスト問題　英作文問題

QUESTION

What is your favorite place to do your homework?
(宿題をするのにあなたが好きな場所はどこですか。)

140

ANSWER

My favorite place to do my homework is my room.
(宿題をするのに私が好きな場所は自分の部屋です。)
First, I can use my dictionary there when I do my English homework. (第1に、英語の宿題をするとき、私はそこでは辞書を使うことができます。)
Second, I like doing my homework alone in a quiet place. (第2に、私は静かな場所で宿題をするのが好きです。)

58〜63ページ

練習問題 Eメール問題1

Hi,（こんにちは）
Thank you for your e-mail.（メールをありがとう。）
I heard that you went to your school festival yesterday.（あなたは昨日、あなたの学校の文化祭に行かれたそうですね。）
Can you tell me more about it?
（それについて私にもう少しくわしく教えてください。）
How many people were at the festival?
（文化祭には何人いましたか。）
And how was it?（そして、それはどうでしたか。）
Your friend, David（あなたの友人のデイビッド）

Hi, David!（こんにちは、デイビッド!）
Thank you for your e-mail.（メールをありがとう。）
There were more than two hundred people there.
（そこには200人以上の人がいました。）
We had a wonderful time there.
（私たちはそこですばらしい時間を過ごしました。）
The food was very good.（食べ物がとてもおいしかったです。）
Best wishes,（お元気で）

64〜69ページ

練習問題 Eメール問題2

Hi,（こんにちは）
How are you?（お元気ですか。）
I heard that you went to the zoo last weekend.
（あなたは先週末、動物園に行かれたそうですね。）
I have a couple of questions for you.
（私はあなたに2つほど質問があります。）
What animals did you see at the zoo?
（あなたは動物園で、どんな動物を見ましたか。）
And how long did you spend there?
（また、そこでどのくらい過ごしましたか。）
Your friend, Sarah（あなたの友人のサラ）

Hi, Sarah!（こんにちは、サラ!）
Thank you for your e-mail.（メールをありがとう。）
I saw many animals, such as tigers and elephants, at the zoo.（私は動物園で多くの動物、たとえばトラやゾウなどを見ました。）
I spent about three hours there.（私はそこで約3時間過ごしました。）
I had a great time!（私はとても楽しい時間を過ごしました。）
Best wishes,（お元気で）

70〜75ページ

練習問題 Eメール問題3

Hi,（こんにちは）
Thanks for your message.（メッセージをありがとう。）
I heard that you attended a concert last weekend.
（先週末、あなたはコンサートに行かれたそうですね。）
I have a few questions for you.
（私はあなたにいくつか質問があります。）
Who performed at the concert?
（そのコンサートでは、誰が演奏しましたか。）
And how did you like it?（そして、それはどうでしたか。）
Your friend, Emma（あなたの友人のエマ）

Hi, Emma!（こんにちは、エマ!）
Thank you for your e-mail.（メールをありがとう。）
My favorite singer performed at the concert.
（そのコンサートには、私の大好きな歌手が出演しました。）
It was wonderful!（それはすばらしかったです。）
I would like to go to her next concert in Tokyo.
（私は彼女の次の東京でのコンサートにも行きたいです。）
Best wishes,（お元気で）

76〜81ページ

練習問題 Eメール問題4

Hi,（こんにちは）
How are you?（お元気ですか。）
I heard that you had a soccer game last Friday.
（先週の金曜日、あなたはサッカーの試合があったそうですね。）
I have a few questions for you.
（私はあなたにいくつか質問があります。）
Where was the soccer game?
（サッカーの試合はどこで行われましたか。）
And how often did you practice before the game?
（また、試合前にはどのくらいの頻度で練習をしましたか。）
Talk to you soon, Zhang（ではまた、チャン）

Hi, Zhang!（こんにちは、チャン!）
Thank you for your e-mail.（メールをありがとう。）
The soccer game was on my school grounds.
（サッカーの試合は、私の学校のグラウンドでありました。）
I practiced soccer every day before the game.
（私は試合前は毎日サッカーを練習しました。）
My team won the match!（私のチームが試合に勝ちました。）
Best wishes,（お元気で）

82〜87ページ

練習問題 Eメール問題5

Hi,（こんにちは）
I hope you are doing well.（お元気ですか。）
I heard that you went to the new Italian restaurant near our school.（あなたは学校の近くの新しくできたイタリアンレストランに行ったそうですね。）

141

I have a few questions for you.
（私はあなたにいくつか質問があります。）
What did you have there?（あなたはそこでは何を食べましたか。）
Was the food expensive?（料理は高かったですか。）
Your friend, Jill（あなたの友人のジル）

Hi, Jill!（こんにちは、ジル！）
Thank you for your e-mail.（メールをありがとう。）
I had pizza and salad at the restaurant.
（私はそのレストランで、ピザとサラダを食べました。）
The pizza was quite expensive, but it was delicious.（ピザはかなり高かったですが、とてもおいしかったです。）
I really enjoyed it.（私は本当にそれを楽しみました。）
Best wishes,（お元気で）

88〜93ページ

練習問題　英作文問題1

QUESTION

Which do you like better, fruit juice or coffee?
（あなたはフルーツジュースとコーヒーでは、どちらのほうが好きですか。）

ANSWER

I like fruit juice better than coffee.
（私はコーヒーよりもフルーツジュースのほうが好きです。）
First, I think that it is healthier.
（第1に、それのほうがより健康的だと思います。）
Second, I really like fruit, and I eat bananas or apples every day.
（第2に、私は果物が本当に好きで、毎日バナナかりんごを食べています。）

94〜99ページ

練習問題　英作文問題2

QUESTION

Where do you like to study?
（あなたはどこで勉強するのが好きですか。）

ANSWER

I like to study at home.（私は家で勉強をするのが好きです。）
First, I have a large desk in my room.
（第1に、私は自分の部屋に大きな机を持っています。）
Second, I can relax, and I can get some food from the kitchen.
（第2に、リラックスできるし、台所から食べ物をとることができます。）

100〜105ページ

練習問題　英作文問題3

QUESTION

Where do you often meet your friends on weekends?
（あなたは週末、どこでよく友達と会いますか。）

ANSWER

I often meet my friends at the mall on weekends.
（私は週末、ショッピングモールで友達とよく会います。）
First, it is near my house, so I can walk there.
（第1に、それは私の家の近くにあり、私はそこへ歩いていくことができます。）
Second, there are many activities to enjoy, such as shopping and watching movies, there.（第2に、そこには例えばショッピングや映画鑑賞など楽しめるたくさんのことがあります。）

106〜111ページ

練習問題　英作文問題4

QUESTION

Do you want to visit a foreign country in the future?
（あなたは将来、外国を訪れたいですか。）

ANSWER

Yes.（はい。）
I want to visit a foreign country in the future.
（私は将来、外国を訪れたいです。）
First, I can use English in more natural and real-life situations.
（第1に、私はより自然で実生活に近い状況で英語を使うことができます。）
Second, I want to experience different cultures.
（第2に、私は異文化体験をしたいです。）

112〜117ページ

練習問題　英作文問題5

QUESTION

What do you usually do after school?
（あなたはふだん放課後に何をしますか。）

ANSWER

I usually play video games at home after school.
（私はふだん放課後に家でテレビゲームをします。）
First, I enjoy playing games with my brother.
（第1に、私は弟とゲームをして楽しみます。）
Second, I want to relax after I study hard at school.（第2に、私は学校で一生懸命勉強した後はくつろぎたいです。）

Part 3　模擬テスト

120・132ページ

第1回　ライティング（Eメール）

Hi,（こんにちは）
Thank you for your e-mail.（メールをありがとう。）
I heard that you went to the new library in your city.（あなたは、あなたの町の新しい図書館に行ったそうですね。）

I have a few questions for you.
（私はあなたにいくつか質問があります。）
How many books did you borrow from the library?
（あなたはその図書館から何冊の本を借りましたか。）
And how long did you stay there?
（そして、あなたはどのくらいそこに滞在しましたか。）
Your friend, Nancy（あなたの友人のナンシー）

Hi, Nancy!（こんにちは、ナンシー!）
Thank you for your e-mail.（メールをありがとう。）
I borrowed three books from the library.
（私は図書館から3冊の本を借りました。）
I stayed there for about five hours.
（私は約5時間そこに滞在しました。）
There were many interesting books there.
（そこにはたくさんの興味深い本がありました。）
Best wishes,（お元気で）

122・133ページ

第1回 ライティング（英作文）

QUESTION

Where would you like to go on your next holiday?
（あなたは次の休みにはどこへ行きたいですか。）

ANSWER

I would like to go to Kyoto on my next holiday.
（次の休みには、私は京都に行きたいです。）
First, it has many beautiful temples and gardens.
（第1に、そこには美しいお寺や庭園がたくさんあります。）
Second, I would like to experience its rich traditional culture.
（第2に、私はその豊かな伝統文化を体験したいです。）

124・134ページ

第2回 ライティング（Eメール）

Hi,（こんにちは）
How are you?（お元気ですか。）
I know you like animals.（あなたは動物が好きですよね。）
I have a few questions for you.
（私はあなたにいくつか質問があります。）
What animals do you like?（あなたは何の動物が好きですか。）
And do you have any pets?
（そして、あなたはペットを飼っていますか。）
Talk to you soon, John（ではまた、ジョン）

Hi, John!（こんにちは、ジョン!）
Thank you for your e-mail.（メールありがとう。）
I like lions and tigers.（私はライオンとトラが好きです。）
But I cannot have these animals at home.
（でも、私は家でこれらの動物を飼うことはできません。）
I have two dogs and three cats.
（私は2匹の犬と3匹のねこを飼っています。）
Best wishes,（お元気で）

126・135ページ

第2回 ライティング（英作文）

QUESTION

Do you want to learn another foreign language besides English?
（あなたは英語のほかに別の外国語を学びたいですか。）

ANSWER

Yes, I want to learn Spanish.
（はい、私はスペイン語を学びたいです。）
First, it is spoken in many countries, so it is useful.
（第1に、それは多くの国で話されていて役に立つからです。）
Second, I want to visit those places and communicate with people there.（第2に、私はそのような場所を訪れ、そこの人々とコミュニケーションをとりたいです。）

128・136ページ

第3回 ライティング（Eメール）

Hi,（こんにちは）
How are you doing?（お元気ですか。）
I heard that you went to Tokyo during your summer vacation.（あなたは夏休みに東京へ行ったそうですね。）
How did you like Tokyo?（東京はどうでしたか。）
What did you do there?（あなたはそこで何をしましたか。）
Talk to you soon, Sue（ではまた、スー）

Hi, Sue!（こんにちは、スー!）
Thank you for your e-mail.（メールをありがとう。）
I really liked Tokyo.（私は東京が本当に気に入りました。）
It was so exciting!（とても刺激的でした。）
I visited a famous art museum and enjoyed looking at many beautiful pictures there.（私は有名な美術館を訪れ、そして、そこでたくさんの美しい絵画を見て楽しみました。）
Best wishes,（お元気で）

130・137ページ

第3回 ライティング（英作文）

QUESTION

Which do you like better, studying at home or in the library?
（あなたは家で勉強するのと図書館で勉強するのとでは、どちらが好きですか。）

ANSWER

I like studying at home better.
（私は家で勉強するほうが好きです。）
First, it is more comfortable and I can easily take breaks at any time.（第1に、それのほうがより快適で、私はいつでもたやすく休憩をとることができます。）
Second, I don't want to spend time going to the library.（第2に、私は図書館に行くことに時間をかけたくありません。）

著者紹介

田地野　彰　（Tajino Akira）

名古屋外国語大学教授。京都大学名誉教授。専門は教育言語学・英語教育（言語学博士）。英語教育分野における代表的な国際誌 ELT Journal（英国オックスフォード大学出版局）の編集委員や大学英語教育学会（JACET）特別顧問などを歴任。英語教育分野の専門書・学術論文は多数。学習目的の「意味順」関連著書としては、『〈意味順〉英作文のすすめ』（岩波ジュニア新書）、『音声DL BOOK 中学英語でパッと話せる！「意味順」式　おとなの英会話トレーニング』（NHK出版）、『「意味順」だからできる！絵と図でよくわかる小学生のための中学英文法入門』（Jリサーチ出版）など。また、『ドラえもんの英語おもしろ攻略 ひみつ道具で学ぶ英語のルール』（小学館）や「意味順ノート」（日本ノート）などの監修をはじめ、『NHKラジオテキスト「基礎英語1」』や『ラジオで！カムカムエヴリバディ』（NHK出版）にて英文法学習についての連載を担当。

イラスト	りゃんよ
カバーデザイン	Nakamura Book Design　中村聡
DTP	アレピエ
英文作成協力	John Andras Molnar（ジョン アンドラス モルナー）
ナレーター	Dominic Allen、Karen Haedrich、水月優希
編集	鈴木有加
音声収録・編集	一般財団法人 英語教育協議会（ELEC）

「意味順メソッド」で絶対合格！英検®3級ライティング

令和7年（2025年）　5月10日　初版第1刷発行

著　者	田地野彰
発行人	福田富与
発行所	有限会社Jリサーチ出版
	〒166-0002　東京都杉並区高円寺北2-29-14-705
	電　話　03(6808)8801(代)　FAX 03(5364)5310
	編集部 03(6808)8806
	https://www.jresearch.co.jp
	X(旧Twitter)公式アカウント @Jresearch_　https://x.com/Jresearch_
印刷所	株式会社シナノ パブリッシング プレス

ISBN 978-4-86392-642-4　禁無断転載。なお、乱丁・落丁はお取り替えいたします。
©Akira Tajino 2025 All rights reserved.